In 136 Tagen um die Welt

Lilian & Vico Breidenbach

CO-AUTOREN

mit:
Anton, Jakob & Philipp Kleihues
und Lotta Kufus

und den vielen Kommentatoren unseres Blogs:
Anika, Anna-Lena, Angela & Jonathan; Basile, Martin & Ninon,
Belinda, Bettina, Carlos, Cecilia, Claudio, Cosima, Daniel, Daniella,
Eberlein Family, Flori, Hannelore; Henning, Lena, Pia, Paula & Pura;
Ibi, Ina, Fabienne & Flo; Jakob, Jan, Joana, Jonas, Josh, Judith, Julian,
Julius, Kundri, Lea, Lena, Lenni, Linda, Lui, Matthias, Nonna Gabriele,
Oliver, Papa, Philipp, Rita, Sophie, Taki-Omi & Hartmut-Opi,
Tilo, Yewgeni

Anfang April bis Ende August 2006 haben wir, (Lilian (13) und Vico (11) mit unseren Eltern eine Weltreise gemacht. Unsere Mutter wollte so was schon seit dem sie selbst ein Kind war und letzten Sommer haben wir eine große Weltkarte gekauft und mit vielen Post-its alle Orte markiert, an die wir reisen wollten. Da wir aber nicht Jahre Zeit hatten, haben wir dann eine Route ausgewählt, die für 5 Monate passte. Wenn Sie sich fragen, wie wir diese Reise finanziert haben, dann schauen Sie sich bitte mal unser Auto an.

Unsere Schule fand den Plan gut, das einzige Problem, so sagte uns der Direktor, sei, dass er nicht selbst mitkommen könnte. Da wir in Berlin auf eine Internationale Schule gehen, mussten wir aber während unserer Reise nicht nur Matheaufgaben und Biologieaufsätze schreiben, sondern ein online Tagebuch auf Englisch führen. Deshalb ist unser Tagebuch halb deutsch, halb englisch. Da wir nicht immer Lust hatten zu schreiben, haben wir uns abgewechselt, manchmal war Lilian, manch-mal Vico dran. Zwischendurch kamen auch immer wieder mal Freunde von uns dazu, die auch mit schreiben wollten. Unsere Rechtschreibung ist nicht so toll, aber der Computer hat ein Rechtsschreibprogramm und unsere Mutter konnte es auch nicht lassen, manchmal dazwischen zu pfuschen.

Für die Reise hatten wir ein Around The World Flugticket und ein paar Orte hatten wir auch schon vorher gebucht, die meisten Sachen haben wir aber vor Ort entschieden. Wir danken Uwe für die Tickets, dem Lonely Planet für die vielen guten Tipps, unseren Freunden für ihre Kommentare auf dem Webblog, unseren Lehrern, die uns das Schreiben beigebracht haben und Judith für die lebensrettende Soyasauce. Claudia danken wir für das Layout zu diesem Buch und Martin für die Weltkarte.

Lilian und Vico Breidenbach, Berlin im Oktober 2006

Der Webblog (unüberarbeitet) findet sich auf
www.weltreise-weltreise.blogspot.com

Sonntag, 2. April 2006, Berlin
Gepäckliste – was nehmen wir mit?
Hier ist unsere Gepäckliste. Für jeden:
- zwei kurze und zwei lange Hosen,
- drei kurze und ein langes T-Shirt,
- drei paar Socken,
- eine Regenjacke,
- einen Schlafanzug,
- einen Sonnenhut,
- eine Fleecejacke,
- eine Zahnbürste, Bürste und Sonnencreme,
- Trekkingschuhe, Turnschuhe und Sandalen,
- ein dünner Schlafsack für den Schutz vor Flöhen und Läusen,
- ganz viele Bücher, Malsachen,
- magnetisches Schach und Backgammon,
- scharfes Messer,
- Schiedsrichter Pfeife,
- Schreibsachen und Hausaufgaben,
- unsere i-pods mit Musik und ganz vielen Hörkassetten.
- Jede Menge „giftige" Pebble Peanuts (Wir danken der Firma für das
  Sponsoring. Als Gegenleistung haben wir uns verpflichtet überall auf
  der Welt Leuten Pebble Peanuts anzubieten.
  Ob PPs wohl Mönchen in Bhutan schmecken werden?)

- Einen Rucksack für Tagesausflüge.

Das alles passt in eine Tasche.
Wir machen später noch ein Photo davon.
　　　　Unsere Mutter hat noch jede Menge Medikamente dabei
(sogar sterile Spritzen, falls wir unterwegs Bluttransfusionen brauchen),
Mittel gegen Maleria, Reisekrankheit usw.

BERLIN

Jordanien

3.4.-6.4.2006 JORDAN
PETRA

You are here!

4.4.2006, Petra

Yesterday we arrived very late at night in Amman (the capital of Jordan). My first impression was: this must be a very dangerous place. There was a big ad what showed an armoured car – Made in Germany. This is because of the Iraq war, which is a country next to Jordan. The other advertisements we saw on the way to the hotel were also surprising: all the models had Western faces, but this is a Middle East country and the women on the street look very different. Most wear headscarves and long coats. But Jordan is not as strict as the neighbouring country Saudi Arabia, where women are not allowed to drive a car or walk on the street without a headscarf.

This morning we took a car with a driver who brought us to Petra. On the way we stopped to see the oldest mosaic map in an old Christian church and went to Mount Nabo, were Moses is supposed to have been shown by the God the promised land of Israel and were he is buried. We knew much more about this story than our parents because we have seen *Der Prinz von Ägypten* on Video. We also went to see an old castle from the crusades. I am sure Mr. Rieckeles, my history teacher, would have enjoyed this very much!

5.4.2006, Petra

Today we walked over 6 hours through the ancient city of Petra. Petra was build by an ancient people, called the Nabbateans, who lived here

Wir hoffen, Ihr habt Eure erste Station wohlauf erreicht und grüßen alle herzlich Lena, Henning, Pia, Paula und Pura
11:12 AM, April 04, 2006

We're following your blog in London. It is such a great idea. Travel well,
Angela & Jonathan
ps - we love those matching green rucksacks!
4. April 2006

from 300 B.C.-300 A.D. They were rich because they controlled the trade between the south and the north.

For the first hour we walked through a narrow canyon and suddenly stood in front of a gigantic church facade, which was cut into the stone. We walked past many other temples and graves and then came to a mountain where 800 steps are cut into the stone. Our guidebook said that it would take us 50 minutes to climb up to the top, were there is a monastery. But we did it in 15 minutes! Our parents took 28 minutes.

There were many local people in the ruins and one small kid, maybe 4 years old, walked up to us and wanted to sell us some stones. My dad gave him a Caramel and instead of unwrapping the paper, he put the whole thing in his mouth!

When we were too tired to walk, we took two donkeys back to the entrance. What was really cool about this place was that you could climb up the rocks everywhere. Everywhere there were steps cut into the stone, leading to graves high up in the rocks.

Bestimmt hat sich der Junge über das Bonbon gefreut. Ich gebe immer nur Obst, weil viele Kinder keine Zahnpasta und keine Zahnbürste haben, um den Zucker herauszubürsten. Was hat eigentlich der kleine Junge mit dem Bonbon-Papierchen gemacht? Vielleicht bekomme ich in den nächsten Monaten Antworten, ich werde das Tagebuch eifrig lesen. Viele Grüße!! Kundri

BERLIN

Jordanien

Ägypten

6.4.-16.4.2006 EGYPT
CAIRO
LUXOR
ON THE NILE
ASSUAN

You are here!

7.4.2006, Cairo

Cairo is quite warm and dirty. Everywhere you can hear cars honking and there only seems to be one traffic-rule: The one who is one millimetre ahead wins! But there are not many accidents, because everybody is very alert. Not like German Sonntagsfahrer.

On the first day we went to a bazaar in the old Islamic part of the city. Everybody tried to sell us something, from Scarabäus to golden necklaces and water pipes. The stalls we liked best were selling fireworks – Vico was furious about that, because in Germany you are only allowed to sell fireworks 3 days before the New Year. Why are they so strict in Germany and not in Egypt? (message to Amos: You would like it here a lot!!!)

Today we got up early, because we wanted to go inside the pyramids and only the first 300 people were allowed in. Inside the pyramids it was so low that you had to crawl. At the end of the steps was the tomb chamber of Pharaoh Cheops. In the tomb chamber, there were people singing and humming. It was a bit scary! Than we went to see the Sphinx. She was much smaller than we expected, but of course great.

In the evening my dad and me (Lilian) hired some horses and went once around the pyramid. We rode through the village and I saw a little boy, only three years old, who could ride really well.
Late at night we flew to Luxor.

I am really jealous to tell the truth especially about the trip you enjoyed in Egypt (Cairo), I would really like to see the sphinx as well and of course also all the other countries. I miss you, Julian 10:39 AM, May 14, 2006

8.4.2006, Luxor

After we had a late breakfast we went to visit the Valley of the Kings, which is a valley where 62 tombs of pharaohs lie. The inside of the tomb was very colourful. There were many beautiful hieroglyphs and pictures of gods on the walls. I like Anubis best, Vico thinks Re and Osiris are better. My mom told us about how to mummify a pharaoh. You had to take out all the organs, except the heart (the Egyptians thought that thinking and reasoning were located in the heart) and kidneys (they were too difficult to reach) and then they drilled a hole through the nose into the brain. They whisked the brain until it became liquid and then sucked it out. The Egyptians mummified millions and millions of people that way.

Now we are going to a nightly show at the Temple of Karnak.

9.4.2006, On the Nile

This morning we drove in a police convoy to Esna. Since tourists had been killed in terror attacks, all tourists are now required to drive together. That seems very stupid because if somebody wants to kill us they will now be able to hit many people with one strike. For the next 5 days we are travelling in a reconstructed old boat, called Dahabiah, on the Nile. It is much fun! (and our mother and father think all of their friends need to go on this boat too because it is so beautiful!)

10.4.2006, On an island on the Nile, south of Edfu

Soon after we got up in the morning, the boat continued its journey to a little village next to the riverside. We climbed over some 5000 years old temple walls to graves cut into the rock. In a low cave next to the graves we discovered over 50 bats that were hanging on the ceiling. Back in the village everybody greeted us and showed us into their houses. Although it was morning the children didn't seem to go to school. Maybe they were on holidays? But many children seemed

to work, looking after their younger siblings, riding donkeys, selling things. And all of them ask for Bakshish (tips). Wenn wir ihnen kein Geld geben, fragen sie Bakshish Stilo (sie wollen einen Kugelschreiber geschenkt bekommen). They also ask in English "What is your name?" and want to have their photos taken together with us. When we sailed away, Lilian and I (Vico) climbed high up on the mast to see if we could pass under a bridge. If I had raised my hand, I could have touched it.

At our next stop we took a horse chariot and drove to the Horus Temple in Edfu. On the street you hardly see any women, all are men in long robes. The temple was pretty new. It was completed by the father of Cleopatra. There were many huge hieroglyphs cut into the stone and it looked as if the ancient Egyptians had constantly been fighting. Then we sailed to an island and a beach were we swam and dived from the boat into the algae of the Nile. Now I (Vico) am lying on the deck trying to get warm, covered with 2 woolen blankets. And Lilian plays with three French children (Basile, Martin and Ninon) who are also on board. We taught them *Skip Bo* and *Backgammon*.

After only two days I am already really addicted to a home-made lemonade that is made out of water, lime juice and sugar. I drink about 8 glasses a day. Its called *azir limon* in Arabic.

12.4.2006, On the banks of the Nile
We are just coming back from a soccer play with the sailing boat crew. Our team lost 8 to 10. Lilian scored one goal, Vico two.

In the past two days we were slowly sailing on the Nile. In the morning we first wake up at 4 o'clock from the sounds of the muezzin from the mosques near by.
This sounds a bit like this and goes on for ten minutes:
HOOOOOOOMMMMMMAAALLAAHHHHHAAAA (not a job for me!)
Then we can sleep for another few hours, before we have to come on

deck for breakfast. We sit on the floor and eat pancakes with honey and drink the first glasses of the addictive lemonade.

Last night we stopped at a little village and drove standing up on the back of a pick-up to a quarry. Here the ancient Egyptians had cut out stones for the temples. We ran up high sand dunes and rolled downhill. We saw prehistoric drawings next to Pharaonic ones and Vico discovered something really exciting: Pharaonic shit! After looking at it carefully Lilian argued it was more likely to be prehistoric shit. Vico agreed (after having a bite).

Today we went for another walk along the coast, saw more old graves and melted in the heat. Later we went swimming in the Nile. We again jumped from the ship. The current was really strong and Lilian formed a deep friendship with a crocodile (just joking, since they build a dam on the Nile, there are no crocos left). Instead we are being now eaten by mosquitoes (which is not pleasant either!).

13.4.2006, Komombo

Today we went to an animal market in Komombo. There were donkeys, horses, sheep, goats, water buffalos and cows for sale. There were only men in the market, inspecting the animals and negotiating over the prices. When we walked through everybody was watching us and wanted to have their photo taken. There also was a butcher who killed the animals in front of everybodys eyes and we watched how he took out the organs. The intestines were all coiled up but he took them and straightened them to a long cord. Out splashed shit – definitely not prehistoric.

We walked pass a hairdresser for donkeys, who cut the fur off. I don't understand why, it looks not very nice.

There were some lorries and a small train passing with sugar cane and all the children ran up to it and took some sugar cane which

they then chewed on the street.

Then we bought me a galabiyya, the traditional dress for Egypt, which is long and wide. Lilian already has a blue one.

15.4.06, Assuan

Today is our last day in Egypt. In the morning we got up and went on a boat around the cataracts (big stones) in the Nile. We stopped and rode a bit on some camels. Then the boat owner, Gelal, invited us to his house in a Nubian village. We had wanted to join his children at school, but the system in Egypt had just changed and now they don't have school on Friday and Saturday. So we went to meet his family at home. It was an old house with a round roof (like a long tunnel), which made it really cool inside whereas outside it was boiling hot. We were sent to the living room, where they gave us some really nice Nubian cookies and teeth-breaking bread which you had to dip into mint tea.

His children showed us their school equipment and books. The 12 year old girl Sara had one maths book full of angle calculations and although it was written in Arabic Lilian recognised what it was about. She had done the same work last year at BIS. The books were started from the other end then we do, they started with what is for us the last page and then worked to our first. The children also learn English and showed us their English books, but they didn't speak any.

In Egypt children go to school for 12 years, in Primary boys and girls are together, then they separate. They are 40-45 children in one class and school starts at 8 in the morning and ends at 3 p m (the same as at BIS). In the afternoon they have to do between 1 and 2 hours of homework and the daughters help the mother in the household and

the 13 year old son learns how to sail and go on his Dads motorboat. Lilian told them that in Germany girls also learn how to sail.

In the living room was a big photo of a village in Switzerland. Gelal had been invited by some Swiss friend and was so impressed by the city and the country (the people were so honest, he said, that at a swimming pool you could leave all your belongings lying around and nobody would steal it) that for the next 3 months back in his own country he was really sad and depressed. He also told us that last year

he had taken part in a BBC documentary on Egypt and he had sailed in his Felucca. This was the second time on our trip that we met somebody who mentioned the BBC. In Amman our taxi driver also listened to the BBC Worldservice (in Arabic). My mum, who also always listens to BBC Worldservice, was really excited about that.
Tomorrow morning we are leaving for Addis Ababa and I don't know how easy it will be to find internet cafes. But we will try to continue our blog as soon as possible. And don't forget to put comments. We want to hear from our friends!

Hello,
I'am Basile, your new french
friend. Maintenant je continue
en français (c'est le petit cours
de français pour Lili...)
Nous sommes rentrés à Paris :
il fait froid (12°C) et gris ! ça fait
bizarre, ça change !!! J'espère
que vous arriverez bien sur le sol
Ethiopien. Je consulterai souvent
votre superbe blog pour suivre
votre magnifique voyage qui
nous fait vraiment envie et nous
guetterons les photos avec im-
patience... à moins que vous ne
veniez à Paris nous les montrer!!
Merci encore pour ces magnifi-
ques vacances passées ensemble.
A très bientôt,
Basile, Martin et Ninon

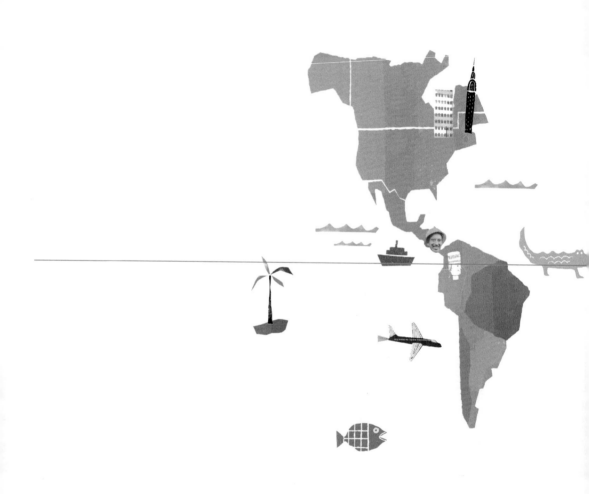

16.4.-29.4.2006 ETHIOPIA
ADDIS ABABA
LALIBELA
DAHAR BAR

You are here!

17.4.2006, Addis Ababa

Addis Ababa ist staubig, groß und hat sehr viele Einwohner. Überall hört man das hupen der Autos und der vielen Taxis. Ich bin mir sicher, dass keiner dieser Taxis den Tüv überstanden hätte. Manche der Taxis hören sich an als hätten sie die Grippe, oder als kämen sie direkt vom Schrottplatz. Manche hatten eine zertrümmerte Windschutzscheibe, oder lagen so schief, dass sie mit der einen Seite fast den Boden schleiften. Bei einem unser Taxis ging alle drei Meter der Motor aus und am Ende blieben wir ganz stehen.

Wir gingen durch die engen Gassen des größten Markts von ganz Ost-Afrika. Links und rechts von uns reihten sich Wellblechbuden die mit Gewürzen aller Art gefüllt waren. Eine Gasse war nur mit Chillischoten gefüllt. Eine andere, in der nur recycelte Sachen verkauft werden. Wir haben ein Sieb aus Coca Cola Blech gekauft. Auf dem Weg durch den Markt warnten uns ständig Leute vor Taschendieben (wahrscheinlich waren es selbst welche. Jedenfalls wollten sie alle für ihre Warnung mit ein paar Birr (äthiopisches Geld) gut entlohnt werden).

Am Hotelpool machten wir eine ungewöhnliche Beobachtung: die offenen Duschen waren getrennt für Gentlemen and Ladies. Die Duschenden fanden es sehr toll 5 Stunden lang unter der Dusche zu stehen und sich zu unterhalten.

Die Hälfte der Hotelbesucher hatten äthiopische Adoptivkinder. Äthiopien ist eins der ärmsten Länder der Welt. Hier herrschte lange

Did you celebrate christian Eastern in Ethiopia? Any bunnys around, and chocolate eggs, melting away in the sun? we wonder, yours ina with fabienne and florentine, who loved her first search for eggs.

Krieg und manchmal fällt Jahre hintereinander kein Regen und Hungersnöte brechen aus. Deswegen sind sehr viele Hilfsorganisationen im Land und sehr viele Leute sorgen sich um die Kinder und adoptieren sie. Am Abend schauten wir uns *Lawrence of Arabia* auf Mamas Laptop an.

18.4. - 19.4.2006, On the road to Lalibela

The last two days we spent on the road, driving through Ethiopia.
At lunchtime we stopped in a little town and tasted the national dish
of Ethiopia for the first time. At first we thought it was a grey tablecloth
(it looked like geschäumtes Gummi), but then we looked to the neighbours and saw them eating the tablecloth, dipping it into the red sauce
on top of it. We tasted it and it tasted like sour, bitter ... tablecloth! The
sauce was good but we really will have to get used to the tablecloth,
which actually is a kind of thin, cold pancake.

While we were driving though the country side we saw many
little compounds (little mud huts surrounded by a wall. This is where
the families live). On the road there were many oxen, goats, camels and
donkeys carrying firewood and other stuff. All Ethiopians seem to walk.
There were thousands of people walking and walking along the road.
When we drove by everybody was saying Hello and waving. The people
always wanted pens and money from us.

Ethiopia is actually a very beautiful country. In the North are many
mountains and bushes. Before the whole of the country was covered in
trees, but now they have cut most of them and only 3% are left. They
need the wood for fire and cooking and building houses. But the problem
is that now when the rains come, the soil gets washed away and erodes.
So the soil is not fertile anymore and not much can grow. A farmer has
to plough his land 8 times before anything can grow on it and he has

no machines, only two oxen. The houses are built of wood and mud
and have no electricity. Many roofs are made out of straw, but some
are made of corrugated steel.

20.4.2006, Lalibela

We are now in Lalibela, high up in the mountains. In the morning we went to 4 big churches, which the Ethiopians call the "8th Wonder of the World". They are carved into the rock but freed entirely, so that you can walk around them. Ethiopia is the second oldest Christian country in the world.

In the walls of the stone were little dark holes (1x2m) where the priests and hermits live. In one of the holes were mummified skeletons from pilgrims and hermits.

Every day the priests, hermits and ordinary people bring water into the churches, which at the end of the day is holy water. We even saw people who kept there holy water in Coca-Cola bottles.
In one of the churches there was an underground tunnel (approximately 500 m) that led to another church. Inside the tunnel it was very dark and you didn't know if you would hit a wall so it took us long to go through.

We also visited a primary school (from 1st to 8th grade) where 2000 kids (55-95 in one class) attend. We sat at the back of one second grade class with 55 students. Although the class was very big, the students were very quiet and focused. It was the only integrative class in the school. There were mentally retarded, blind and deaf students. When the teacher said Good morning the children answered in a choir: YES TEACHER!

The students sat to sixth on a small table. The teacher wrote

Fanpost aus München:
Wenn Warhol noch leben würde,
wärt Ihr die nächsten Superstars
in seinen Filmen !
Matthias
9:07 AM, April 27, 2006

a question on the board and one child would come up to solve the problem and if he would have it right all children would clap. In maths (HELP!!!!) they did Abacus and they did sign language so they could communicate with the deaf students. The teacher made a sign and the kids (all together) said what it meant.

OH NO!!!! Another 10 hours drive. We started at 2 o'clock in the morning and continued until 12 in the evening. Sounds strange? That is because the Ethiopians count time differently. Their morning starts at 7 o'clock, which for them is 1 o'clock. Then they count until 12 (which is our 6 p.m.) and then start again to count from 1 - 12 for the night.

On our never ending trips with the car we see every 50 km rotten tanks from the long civil war were the rebels fought against the communist government. The government got all their weapons from the Soviet Union because they wanted to have them on their side in the Cold War. Every day the government spend half a million US dollars on the war. The rebels where so scared of the air attacks that the market was only open at night and the farmers ploughed there fields at night.

Lilian: *If I would be a girl in Ethiopia, I would:*
– have a one to five chance that I wouldn't be writing this.
  (Every fifth child dies before the age of five)
– speak Amharic or another tribal language
– have to carry heavy things like firewood and water, nearly all day long
– look after my siblings, other smaller children and animals
– have a 28% chance to attend primary school and a 10% chance
  to attend secondary school
– ask tourists for one Birr (10cent), ask for pens
– live in a little mud hut
– have a 15% chance of already being married (HORROR!)
– have flees, lice
– have a high chance of getting malaria

Ich verfolge schon eure blog-einträge seitdem sie im internet stehen und würde auch gerne dabei sein. Dafür bin ich im 21°C warmen Berlin und quäle mich mit Schule ab!!! :
Naja, wenigstens habt ihr spaß. In den osterferien haben wir am pool (in La Haute Carpeneé) holzplanken ausgelegt.
Die fakten:
2500 kg holz
2400 Schrauben
21 tage schwerstarbeit
Täglich 6-9 flaschen wasser
viele liter schweiß
700 eingeschraubte schrauben von julius (das bin ich!!!)
2 Akkuschrauber
1 Bohrmaschine
14(!) abgebrochene bohrköpfe
2 Fehlende schrauben
1 Kreissäge

– not have to brush my teeth
– fast 180 days a year but the rest of the time
  my stomach wouldn't be much fuller
– eat Injera (the tablecloth) with beansauce
– eat for breakfast the leftovers of the dinner before
  (once again yummy tablecloth)

1 verwirrende konstrucktions-bescheibung
0 abgeschnittene finger
1 Sonnenfleck auf Mark's rücken*
*mehr dazu gleich
1 TOLLES ENDERGEBNIS!!!
Viel spaß noch,
wo auch immer ihr seid,
Julius

Vico: *If I would be a boy in Ethiopia, I would*:
- have a one to five chance that I wouldn't be writing this.
  (Every fifth child dies before the age of five)
- speak Amharic or another tribal language
- be a shepherd (look after animals)
- have a 43% chance to attend primary school and a 14% chance
  to attend secondary school
- ask tourists for one birr (10cent), ask for pens
- live in a little hut
- have flees, lice
- have a high chance of getting malaria
- not have to brush my teeth
- build things and sell them to tourist
- translate for tourists
- fast 180 days a year but the rest of the time my stomach
  wouldn't be much fuller
- eat Injera (the tablecloth) with beansauce
- eat for breakfast the leftovers of the dinner before
  (once again yummy tablecloth)
- know how to build my own hut, catch and grow my own food
  and look after many oxen and goats

24.4.2006, Bahar Dar

We have driven to Gonder and Bahar Dar on the shore of Lake Tana,
visited many castles, churches and monasteries that our parents dragged
us along to. They were pretty nice but we have seen too many and don't
want to write about them.

We will try to put this online tonight but the connection is soooo
slooooowwwwww that we will ask our Dad (who is flying back to Berlin

tomorrow) to include our great photos from Ethiopia a bit later.
We are here in a hotel with many african tourists. In the morning we
visit places, like the Blue Nile Falls (which are very small after they build
a dam for an electricity plant) and in the afternoons we play card games
and read a lot. (And we also do some of our work for school. Vico writes
a mystery story about ancient Egypt and I do some work for biology.)

25.4.2006, Bahar Dar
Zenzelsma Primary School,
10 km from Bahar Dar, along the road to Gonder
Today we visited a school called Zenzelma Primary School. In this school
there were over 2000 kids. There were two shifts. One was from 8 in the
morning till 12. The second shift was from 1.30 till 4.45. Most of the
children walk to school for at least one hour, some even longer. There
is no electricity here.

    Imagine 2000 eyes staring at you as if you were an alien, to see if
you really were green. We certainly felt like being treated like visitors from
Mars. When we came and looked around the school, all classes seemed
to come to a stop and everyone followed us around in a big group.
When we went to a fifth grade and sat down in a class of 80 children,
all the others gathered around the windows and stared at us. That was
horrible. The director of the school was quite mean to the students.
When they tried to come very close to us, he would scare them away

Neid! hier schifft es in Strömen,
viel Spass bei Euren weiteren
Touren,
Viele Grüße, Jonas
6:16 AM, April 29, 2006

like cattle and make: boo, boo, boo.
    The school had school uniforms but most of the children didn't
have money to pay for them, so they just wore their normal clothes.
The school buildings had been built by the parents of the children,
because the state only pays the teacher salaries (and they get very little
money). The school had a playground twice as big as ours but there
were no trees, just a cow running around. There was a small library
and a small room for teacher's resources. There were 2 globes, one of

them was self-made and was a bit strange because Africa was much bigger and Europe really small.

The first class we went to was an Amharic lesson, followed by General Science. The students worked in groups and had to describe where to place a candle under a container filled with water so that the water would move into a certain direction. When the teacher wrote a question on the blackboard nearly everybody raised their hands and shouted: Teacher, teacher, I know the answer. And they did. Then everybody clapped. They also clapped when we introduced ourselves, which was very embarrassing.

In English one kid was told to stand in front of the class and hold up a picture of different objects. He asked: What is this? This is a pen. The class responded: This is a pen. The kid-teacher asked: again. And the class would repeat the answer. This continued five or more times. There was a sign in the school which said that every Tuesday was English-speaking day and everybody had to speak English. But I don't really believe it because I think the children will speak Amharic with one another.

In Music one student started singing a song in Amharic and later the whole class sang together. We liked this class, which was a second grade, a lot, because the children were smaller and it wasn't so embarrassing to be looked at.

In P.E. they had one ball and four spears for the whole school.

Wir freuen uns über eure spannenden Reiseberichte und hoffen es geht euch gut!!! Liebe Grüße von der Eberlein family aus Berlin!
1:03 PM, April 26, 2006

One of them was a good one from a shop, the other spears were made by the children themselves. We saw a P.E. lesson for 7th grade. Only three girls participated, because the others had no sport gear and weren't allowed to do P.E. in their skirts. (Message to Ibi, Mr. Smith and Herr Jordan und Frau Klaus: Vico took a video of the spear throwing technique and we will try to put it into this blog later (when we are not in a country where it takes 1 hour or longer to open a webpage)). When we left, the whole school gathered around us and shouted

"Good Bye" in a chorus. Back in town we bought a volley ball and a football for the P.E. teacher and some text books for the school library.

26.4.2006, Addis Ababa
The next day we drove back to Addis. We visited Lucy (the oldest
human skeleton that was discovered in Ethiopia) in a museum.
   We took a flight at 10 p.m. to Dubai, that was 3 hours long. We
had to sleep at the airport because the next flight to Oman was at 7 a.m.
It was a very short night and I only slept for 4 hours. But we were allowed
to go to the business lounge of Emirates airlines and I (Lilian) slept in
a comfortable massage chair and Vico put two chairs together and slept
there. For breakfast they had a huge buffet and Emirates is now our
favourite airline.

Hi Vico und Lilian,
Die ganze klasse beneidet euch
um eure Reise um die Welt.
Wir hoffen euch geht es gut
und es macht euch fiel Spaß.
eure Belinda Kurras 5s

BERLIN

ÄGYPTEN

Jordanien

OMAN

Äthiopien

30.4.-5.5.2006 OMAN
MUSKAT

You are here!

30.4.2006, Muskat

Oman is really clean, everywhere there are flowers and trees.
The houses are all white, big and in an oriental style.

When we arrived in Oman it was 8 a.m., but already very hot.
Around 38 degrees. We took a taxi to our hotel which is directly at the
sea. The hotel actually had whole towels and napkins. In Ethiopia they
were all quartered or halved. The last two days we spent swimming in
the sea and watching DVDs. The hotel has a huge DVD collection with
the newest films. We watched *Oceans 12*. Tomorrow we are going to
a school which teaches in Arabic and English.

1.5.2006, Muskat

In Omans Hauptstadt Muskat mussten wir um 6 a.m. aufstehen und
fuhren zur AZZAN BIN QAIS PRIVATE SCHOOL, die um halb acht
anfängt und um zwei Uhr zehn endet. Die Schule hat 520 Schüler,
elektrische Türen, Klimaanlage und sieht auch von außen sehr modern
aus. War aber von innen eine Baustelle. Die Schülerinnen haben eine
grau-rosa Uniform, die Jungen trugen weite Kaftane und bestickte
Mützen. Am Anfang gab es eine kleine Assembly, für die sich die ganze
Schule im Schulhof versammelte. Zuerst marschierten sie ein wenig
zu einer Trillerpfeife, dann hissten sie die omanische Flagge und sangen
ihre Nationalhymne und lasen aus dem Koran. Danach gingen alle in
ihre Klassen. Hier sind nur maximal 20 Kinder in einer Klasse. Wir waren

zuerst in einer Kunst Klasse (7th Grade). Jungen und Mädchen saßen
an getrennten Tischen. Sie mussten komplizierte islamische Mandalas
ausmalen, während der Lehrer (Mr. Poobie) sie anschrie. Die Kinder
waren sehr nett und besonders die Mädchen haben viel mit uns gesprochen. Viele von ihnen kamen aus anderen Ländern, aus Syrien oder
Malaysia. Sie schrieben alle ihre e-mail Adressen auf und wollten, dass
wir ihnen schreiben. Danach gingen wir in die 5. Klasse, wo sie gerade
Science bei einer englischen Lehrerin hatten. Ihr Thema war light and

sound. Der Unterricht war ziemlich einfach, da sie die meiste Zeit einfach malen konnten.

Und nach der Schule fing das Wochenende an. Es war zwar Mittwoch, aber das ist in Oman der letzte Wochentag, denn das muslimische Wochenende ist Donnerstag und Freitag. Uns hat diese Schule sehr gefallen und wir fanden besonders die Schüler sehr nett. Vor 1970 gab es überhaupt nur 3 Schulen in ganz Oman und nur 900 Kinder, die zur Schule gingen, weil es damals keine Schulpflicht gab. Der jetzige Sultan hat dann aber viele neue Schulen gebaut und jetzt gibt es schon über 1000 und eine halbe Millionen Schüler.

80 children, 95 children...
I am happy to be a teacher
in a german school.
Are the children in Oman
more happy (with 20 children)? –
I dont think so ...
Are there friendly teachers too???
How does it smell in all the
different countries????
Are you dressed like Germans
or like Ethiopians?
I would like to taste
tablecloth and,and,and
Seid umarmt Ibi
11:15 AM, May 04, 2006

Vico probiert, wie man es von
ihm erwarten würde, gerne
einheimische Kleidung aus.

In Ägypten und Äthiopien ist
er immer in seiner bodenlangen
Galabiya rumgelaufen. Ich werde
mal ein Photo raussuchen und
einfügen. Lilian ist da vorsichtiger
und trägt am liebsten ihr Berlin
International School Shirt. Wir
freuen uns auch schon auf Euch.
Joana
2:05 AM, May 05, 2006

4.5.2006, Muskat

aha, wer spielt denn da den
Helden/Heroine? Kaum fliegt
so einem Trottel die Hose ins
Wasser, spingt ihr hinterher
riskiert Leib und Leben, das
Mobile war doch sicher eh hin ,
oder? und wer weiss,vielleicht
hätte die Schildkröte ihren
Spass mit dem Flugobjekt
gehabt!
ganz herzlich Bettina
12:09 PM, May 05, 2006

Jetzt bin ich aber schon ein
bisschen neidisch. Delphine
sind ja schließlich eine meiner
Lieblingstiere. Naja, is eigentlich
auch (nicht) egal. Kennt ihr schon
die Aufstellung der Deutschen
Nationalmannschaft für die
WM2006? Falls nicht:
Tor:
J. LEHMANN (1. keeper)
O. KAHN (Nr. 2)
T. HILDEBRANDT
Verteidigung:
M. JANSEN

Today we went on a boat trip to see dolphins. The first dolphins we saw were far away. But after a few minutes they were two meters infront and beside our boat, jumping out of the water and back in again. One of the dolphins jumped up and did a screw in the air. The dolphins were black and grey. They were about 2 meters long. I don't know what they are called but I'll try to find out. After some time Vico saw a huge object floating in the water. I first thought it was a tank, the other people on the boat thought it was a small whale. When we came closer, we saw that it was a giant turtle. It was about 2 and a half meters long and 2 meters wide. The turtle paddled and disappeared in the sea. Afterwards we went snorkling. The boat man said that we would be able to see underwater turtles here. And we did. I saw seven. They were 1 meter long, green and brown. They seemed very slow, but when you tried to come closer they would swim away very fast. On the way back the boat went so fast that the trousers of one tourist fell into the water. His handy was inside so I had to jump from the boat and get it. His handy was full of water.

For dinner we went to an Italian buffet in our hotel and ate loads of cheese and deserts. Now we will watch *Karate Kid 2*.

A. FRIEDRICH
R. HUTH
J. NOWOTNY
P. LAHM
P. MERTESACKER
C. METZELDER

5.5.2006, Muskat
We were really surprised when we went to the shopping centre because everything was so cheap (Original *Harry Potter 4 DVD* = 2 Omani Rial). Also clothes and electronics were less than a third of the price we pay in Germany. We think that one of the reasons may be that the companies produce them in countries like China where it does not cost so much and they still make money when they sell them for very little. Afterwards we went to an Omani restaurant were people sit on the floor in small rooms with a TV on. We watched football and shared a meal between the three of us and still only managed to eat half.

Mittelfeld:
S. KEHL
B. SCHWEINSTEIGER
T. FRINGS
M. BALLACK (Kapitän)
T. HITZLSPERGER
T. BOROWSKI
B. SCHNEIDER
D. ODONKOR
Sturm:
M. HANKE
O. NEUVILLE
M. KLOSE
G. ASAMOAH
L. PODOLSKI

Ich wünsche euch noch viel Spaß bei eurer Weltreise.
Julius (Berlin)
3:20 AM, May 20, 2006

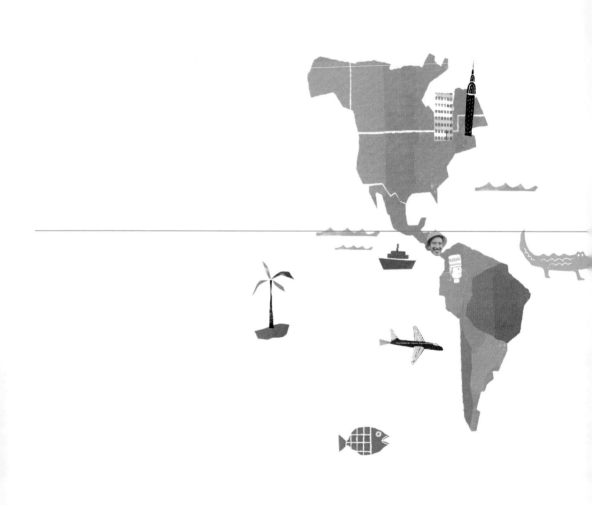

6.5.-9.5.2006 INDIA
KOLKATA

You are here!

6.5.-9.5.2006, Kolkata

Um fünf Uhr Morgens kamen wir am Flughafen von Kolkata an. Wir fuhren zu unserem Hotel und waren so müde das wir gleich noch bis 12 Uhr weiter schliefen. Als wir wieder aufwachten gingen wir in ein Kino wo wir uns den Film Gangster gesehen haben. Der Film war nicht so gut, sehr brutal und im Kino war es ganz kalt, weil die Klimaanlage so aufgedreht war.

Mir ist aufgefallen das sie in den Werbungen für Waschmittel immer Leute gezeigt haben die mit der Hand wuschen. Waschmaschinen gibt es in diesem Land nicht so viele. Danach gingen wir zu einem Tempel für die Göttin Kali der das Zentrum des hinduistischen Glaubens ist. Auf dem Platz vor der Kirche sammelten sich viele Menschen und Hunde lagen verstreut auf dem Boden. Die Luft stank nach toten Tieren die als Opfergaben getötet wurden. Wir mussten uns die Schuhe ausziehen, über den dreckigen Boden laufen und aufpassen nicht auf die Hunde zu treten. Ein dicker Mann, der im Tempel lebte, führte uns durch den Tempel und wollte dann eine gute Spende von uns haben. Hat er bekommen! Daneben war ein Sterbehaus von Mutter Theresa, einer Nonne die in Kalkutta mit den Armen und Sterbenden gelebt hat.

Hallo, wie geht es euch ? Hier ist es langweilig. Wir freuen uns schon sehr auf Peru. Sorry, das wir so wenig schreiben. Aber wir mailen jetzt mehr.
Jakob usw.

After that we walked a bit around. The street life here is really amazing, because all over there are people sleeping on the street. In the mornings they all wash themselves at the hydrants on the street. All women wear Saris (long cloths raped around the body). Than we

took a taxi to our hotel. We did a bit of homework and later went out for dinner. Early in the next morning, at five, my dad came from Berlin. He brought many English books because we were short of books. Than we went to the Victoria Memorial, which the British built when they colonised India. Afterwards we ate at an Indian restaurant.

Today we went to an Bengali restaurant where we could eat with our hands. It was really good. Than we went to the High Court. We went to a court room where they talked about licences or something like that.

My mother also FORCED me (Lilian) to go with her to a post office.
There were many men with old typewriters sitting in front of the building
and wrote letters for the people who couldn't write. We wanted to sent
some of the books which we had finished back home and there was
a man who sew the books in white cotton material and then wrote
our address on it. I hope they will arrive in Berlin.

  Tomorrow we will fly to Bhutan (for 2 weeks).

*Ich habe Eure Berichte ganz zu
Anfang verfolgt, dann aber eine
Weile nicht mehr reingeschaut.
Ist ja irre, was Ihr in der Zwischen-
zeit alles gesehen und erlebt
habt. Ich hoffe, Eure Familien-
zusammenführung in Calcutta
hat geklappt. Wir sind schon
sehr auf die neuen Berichte
gespannt.
Ganz herzliche Grüße, Tilo.
4:41 AM, May 08, 2006*

*Lieber Tilo,
Liebe Grüsse aus Kalkutta. Wir
haben den Nachmittag hier am
obersten Gericht verbracht. War
eine eindrucksvolle Erfahrung,
Tausende von Menschen, Akten-
berge auf den Gängen, Streitig-
keiten in den Sälen, und alles
unter dem Dach eines kolonialen
Prachtbaus. Überhaupt finden
wir diese Stadt in ihrer prallen
Intensität grossartig. Joana
7:17 AM, May 08, 2006*

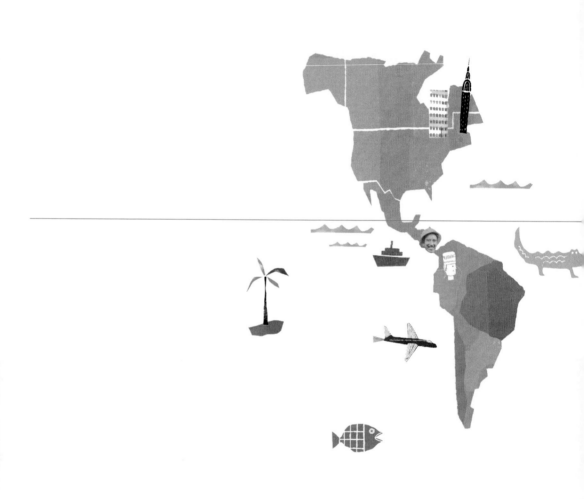

9.5.-28.5.2006 BHUTAN
THIMPHU
BUMTHANG
TRONGSA

You are here!

9.5.2006, Thimphu

This morning we arrived in Bhutan. Bhutan is a small country in the Himalayas next to Tibet, India and China. It was the strangest airport I have ever seen. The buildings had wood beams and were full of carved ornaments. They were also coloured and looked like a Tiroler country house. While we drove to our hotel we saw that all the houses were in the same style, although many were completely new. Tashi, our guide, explained that the King of Bhutan said that the culture of the country should be protected even when you have modern technology. The people have to wear their traditional dress during the day. For men it looks a bit like a Schottenrock-dress without the folds. When you are caught not wearing it, you have to pay the police a bit of money or even go to jail for one day. In all the other countries they measure development in how much money the community has (it is called gross national product). The king of Bhutan says that he doesn't want this system but he measures the happiness of the people (called gross national happiness) and that is not measured by money alone but also by culture. My dad said the only problem is how to measure happiness.

We visited a paper factory where paper was made from the bark of a tree. There were no mashines, only some heaters to dry the paper. First they soaked the bark in water for 24 hours, then they cooked it for 3 hours, afterwards some women collected black parts from the white bark. Now it was like a porridge which was poured into a big bucket

Ich finde den Ansatz des Königs sehr interessant. Wir können uns ja auch fragen, ob wir Entwicklung überhaupt messen müssen. Und dann hat Stephan auch kein Problem mehr damit happiness zu messen. Außerdem denke ich, kann er das sicher sehr gut. Weiterhin gute Inspiration wünscht Euch Tilo.
12:50 AM, May 11, 2006

Hallo ihr Weltreisenden, die Entwicklung in Happiness zu messen finde ich großartig, Angie sollte mal nach Butan zum König reisen ... Der Guru meines Yogalehrers sagte: "If you want to be

healthy, do healthy things, if you want to be happy, do happy things, if you want to be holy, do holy things."
Ich lese Euren blog sehr gerne, er ist ein Stückchen happiness, das in die Welt gestreut wird. Alles Gute für Euch, wir denken an Euch, Lui & Co
4:10 AM, May 12, 2006

and they put a tray into the mixture so that just a bit was on the tray. The tray was the size of an A4 paper and bigger. This wet paper was put onto electric heaters and dried for 3 minutes. Then the process was finished. We really liked the paper so bought quite a bit of it.

After that we visited some buddist temples, saw holy Coke bottles and snack bars (people give Coke and snack bars to the gods and the priests take them away after 3 days and give them to the poor people). We also saw the national animals of Bhutan, Takin, in a park. They look

like the body of a cow and the head of a goat. They walked very funny
and I will write about them for my biology assignment.

Wednesday, May 10, 2006

Hallo 5S
I am really happy that you wrote some comments in our blog. Today
we went to a super art school for buddhist paintings. We are going to
write about that tomorrow and put some pictures on the blog too.
Yours Vico

10.5.2006, Thimpu

Today we visited an art school (Choki Traditonal Art School) were
45 students, from nine to half past four attended. The school is free
and the children sleep there because most of them come from very far
away. The school is for poor people who can't afford public schools.
There were six classes of both drawing and woodcarving. The first
year everyone has to be in the first class of drawing where they learn
to draw difficult patterns. Then they have the choice of either going to
2nd grade drawing or, if they thought that they were not good they could
go to 1st grade woodcarving. The whole course lasts for six years. The
children are between 12-16 years old and don't go to any other school.
The higher grade you are the more difficult it gets. For example in the
6th grade of drawing they have to draw very, very, very complicated

Habt Ihr herausfinden können,
warum der König Bhutan
demokratisieren will?
Erhofft er sich davon ein
Wachstum der happiness?
Tilo

Hallo Tilo,
hier etwas zur Demokratisierung:
Der König findet, die Monarchie
als Regierungsform zu personen-
abhängig.
Allerdings ist Bhutan bislang
wirklich ein Musterbeispiel an
social engineering, alles und
jedes wird vom König geregelt
und die Leute scheinen zufrieden:
eine Stadt platzt aus den Nähten?
Dann reißen wir sie halt ab,
bauen sie einen Kilometer weiter
weg wieder nach altem Muster
mit neuen Materialien auf und

Buddha and God statues with 12 arms all over the place, difficult arm
positions and clothes with thousands of folds. All of the paintings are
standardized and the students are not allowed to change even a little
bit. If their drawing is not exactly like the model the teacher will mark
even the smallest mistakes (for example 0.05 mm below the original
line) in red and the student has to do the design all over again. The
children have to do every task 30 or more times until it is perfect.
People send there child to the school because afterwards they will

siedeln die Leute um.
Gegen den Kulturverlust wurde
das Tragen der Nationaltracht ver-
ordnet, in der Nähe der National-
flagge müssen wir unsere Sonnen-
hüte abnehmen und ein wenig
hat man wirklich den Eindruck
in einem Theaterstück
herumzustiefeln.
Joana

have a very good job because all bhutanese houses are painted and the windows are carved wood (only the rich people have glass). All the monastaries are very decorated and even the petrol station is made out of wood and painted (you can see the petrol station on page 45).

The school makes money by selling the paintings and wood-carvings of the students. We also bought a tangka painting of a god who scares away evil forces and some woodcarvings.

15.5.2006, Bumthang, 3 days trekking

For the last 3 days we went trekking. 9 horses carried our tents, food and sometimes one of us. The first day was only a three hour walk. After lunch Vico wanted to ride on the horse. My mom wanted to give him sticks he had collected along the way, but the horse got scared and jumped forward. Vico fell backwards from the horse. Nothing happened to him, he just got a little shock. The horse galloped away till one of the men stopped it. In the evening Vico and I made a fire that was almost as big as the adult fire. The night in the tent was not very comfortable. I slept with 3 pullovers in my thick sleeping bag but in the morning it still was very cold. The next day we walked for 7 hours. First we walked up a mountain and then down along fields. After 2 hours it started to hail heavily. We had lunch inside a stupa where we didn't get wet. The hail turned into rain and it didn't stop. So we continued our walk. We had 2 umbrellas and everyone had a raincoat, except

Wow, daß hört sich ja richtig klasse an, Abenteuer pur, wie eine Fortsetzung von Aguila und Jaguar. Nicht daß ich euch um die nassen Füße beneide, aber gern wäre ich dabei! Lui
3:05 AM, May 18, 2006

Was war denn mit Joana los? Aber wir haben schön gelacht. Wir vermissen euch schon und freuen uns auf Euch in Peru. Habt ihr auch versucht diese Bilder zu malen ? Noch viel Spaß! Jakob
2:22 PM, May 24, 2006

Das hört sich ja fast so an, als müsstet ihr beiden besser auf eure Mama Acht geben! Bettina
4:06 AM, June 04, 2006

Tashi, our guide.

The ground was really wet and muddy but our shoes were waterproof, only my dads feet were completely wet because he only had sportshoes. After a while we were completely soaked, just our feet and our upper bodies covered by the raincoat were warm and dry. My trousers were completely wet. My mom always said we are lucky that our shoes keep dry but at the next river we crossed she fell into the water and now here shoes were wet too. In the evening we dried our clothes in front of the fire. We were lucky that it stopped raining and the next morning was very sunny. I liked the trecking very much, just the rain part was a bit exhausting and we always got the same food (rice and different vegetables). Tonight we go to a swiss restaurant. I have to stop writing now because my mum just burned a big hole into my trousers over the fireplace.

16.5.2006, Trongsa

We visited a big monastery where 60 children had prayer hour. Most of them didn't do anything and where just talking to their friends. But some, especially the older ones hummed in a choir their prayers. The whole country is full of prayer flags, monasteries, temples and different kinds of Lamas and monks. In the temples and the monastries are prayer wheels that you have to turn clockwise while going clockwise around the building. On the prayer wheels is written *om mani padme hum* and by turning the prayer is said again and again. You have to go clockwise around all religious buildings because than you gain merit (Verdienste) so that in your next life you are reborn as a human being or even as a god and not as an insect, bad spirit or rat. Many parents already decide at the birth of the child that they will later become a monk and will sent their small children to live in a monastery. They learn all the prayers and teachings of Buddha and make butter lamps and butter cakes (big sculptures made out of different colored butter). Others sent their children

Wir (Dingsbumbs, Daniel, Katharina) sitzen gerade hier in B.I.S am Computer und gucken euren Blogger an! Wir finden es richtig toll, dass ihr uns eure abenteuer erzählt und uns dadurch mit reisen lässt. P.S.: Ich (Daniel) Habe eigentlich die ganze zeit hier geschrieben während die anderen daneben saßen.

Hey Vico wie ghets dir? Ich hoff dir gehts ziemlich gut, weil wir dich bei fussball brauchen. DEIN YewGenl 2:53 AM, May 10, 2006

Den Blog, den ihr immer schreibt, liest Mr.Sargeant immer der ganzen Klasse vor und es macht uns Spaß, Josh,Anna-Lena und Carlos

to a community school which is like our schools or specific schools like the art school we visited. At the birth of a child it is brought to a Lama who gives the child its name. Every year the astrologers decide whether it is a good or bad year. In bad years nobody wants to get married, so before that year very many marriages take place. 2006 and 2007 are supposed to be very bad years (so don't get married!) and the king has decided that big festivals shall only take place again in 2008. Everybody believes in bad demons and in Gurus and Lamas and holy people who can destroy them.

In 2008 the king has decided that Bhutan will be a democracy but the people don't want democracy because everyone likes the King. We saw one of his four wives in a car passing by. He really only wanted to marry one girl, but the parents insisted that he married all her sisters too. There are also women with many husbands in Bhutan.

20.5.2006, Thimphu

Back in Thimphu we went to a school. When we first came the head-master thought we were to stay in the school for the next few years and was surprised when we said Vico and I wanted to visit the same class. The first ten minutes they had to clean the school and water the plants in the garden. They don't want to use chemicals, so they don't kill the parasites because it is against Buddism. It could be your grand- grand-father. Afterwards they had a morning assembly and prayed to the God of Wisdom and sang the national anthem. Then we had to go to the front (in front of 1600 students who all clapped) and the headmaster introduced Vico as Master Vico and me as Miss Lilian. After the morning assembly we went into 8. grade where they were talking about Aids and HIV. We sat on very small stools around small tables. There were 35 students in this class and school lasts from 8:30 to 3:30. All students wore the traditional dress -Gho- as school uniform. The teacher was still learning to become a teacher and didn't really know what to to, he was

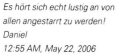

a bit helpless. We were divided into 8 groups and each group had to pretend to be farmers of monks or doctors and talk about how they would think and feel about Aids and HIV. Then we presented our thoughts to the rest of the class. Vicos group (the monks) said that you should treat the victims of Aids with love and compassion and don't humilate them. In my group (farmers) we said that people who know about the illness should tell the others about it and how to avoid it. In Bhutan all the subjects are taught in English and Dzongkha is only the second language in school. They use English, because when the first schools were opened thirty years ago there were no Bhutanese teachers so they had to take English speaking teachers. I liked the part in the classroom but at the morning assembly when everybody stared and clapped at us it was a bit uncomfortable.

In the afternoon we went to the market and bought some Bhutanese bows and arrows. Archery is the national sport in Bhutan and everywhere you see people practising it. The small target is 145 meters away and I can't believe how anybody can hit it. But they do. We went to a playing field and Tashi showed us how to do it. But our target was only 30 meters away. We practised for 3 hours and managed to hit the target a few times. This was really cool but now our hands hurt. This evening we go to the only cinema in Thimphu and see a Bhutanese film. (The city has not a single traffic light and when you look down from a hill you can see the whole city.) Some cities have only 20 houses and you can walk through them in 5 minutes. Not like Berlin. But it is one of the nicest countries I have seen so far.

P.S. The film was awful. The main hero collected rubbish, donated blood and looked after old people, all to impress the girl he was in love with.

Hi superheroes,
das ist wirklich ziemlich sensatio-
nell, was Ihr erlebt und berichtet.
Komme auch kaum nach mit dem
Blog verfolgen...Wann kommen
die Photos aus Bhutan ? Bin sehr
gespannt, wäre so gern dort ! ! !
Trotzdem: eine feste Umarmung
aus der Heimat des Kaisers im
Jahr des gefleckten Balles,
Matthias
10:14 AM, May 16, 2006

Es kommt mir ganz komisch
vor, euch mitten unter den vielen
Menschen mit ihren langen
Kleidern zu sehen. Zum Glück
könnt ihr mit den Studenten
englisch sprechen, oder nicht?
Die Reise klingt wirklich sehr
spannend und ich freue mich
schon auf die nächsten Berichte.
Vorhin haben wir auf der Karte
das land Bhutan gesucht, wow
ist das weit weg von hier.
Bringt Ihr Pfeile mit?
Viele Grüße von Lea aus Starnberg
9:07 AM, May 23, 2006

Ich bin schon richtig neugierig
auf Bilder aus Bhutan.
Viele Grüße, Oliver
10:48 PM, May 11, 2006

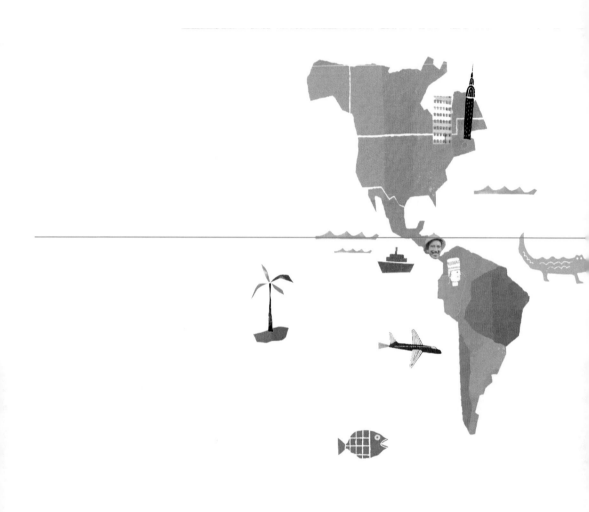

23.5.-30.5.2006 CAMBODIA
SIEM REAP
PHNOM PENH

You are here!

23.5.2006, Bhutan Airport to Siem Reap (Cambodia)

When we arrived at the airport our luggage was checked by guards, suspiciously looking at our 5 bows and 10 arrows (not in the hand luggage). We sat down in one of the two airplanes that Druk Air (Bhutan's only airline) has and flew one hour to Calcutta. Then we flew to Bangkok and finally after 3 and a half hours (1h, 1and a half h, 1h) arrived at Siem Reap airport. There we met Rita, a friend of my mum, who will stay with us in Cambodia. It was night and 30 degrees C° (not Fahrenheit!!!!). So the first thing we did (I think you can imagine) was to go into the swimming pool. It was fun but even the swimming pool has 30 degrees C°. I cut my foot at a lamp and it was no swimming pool anymore. It was a blood pool and I (Vico) couldn't walk for the rest of the day.

The next day we drove with a Tuk Tuk to visit some huge temples. They were quite nice but did not smell very good. They all had funny names like Angkor Wat and Angkor Thom. The next day we drove to the Angkor Center for Conservation of Biodiversity, where they try to stop the illegal trade with endangered animals. In the ACCB the confiscated animals from the illegal trade can recover and are safe from hunters who sell them to China, were they are eaten or used as medicine. They had four monkeys, one of them was a 3 years old Gibbon who climbed up on us and jumped from person to person. The monkeys were really active, swinging from branch to branch and did summersaults in the air. They also had many turtles, a huge cormorant, a night active monkey

and a Schuppentier. We also went to a waterfall and went right under it. I (Lilian) slipped and slid down the rocks into the water. It was quite a shock.

27.5.2006, Siem Reap
Landmines
Jeden Monat werden 1000 Menschen in Kambodscha von Landmienen
getroffen. Früher gab es hier einen großen Krieg zwischen den Roten
Khmer (die hatten das Land 1975-1979 ganz brutal regiert) und den
Vietnamesen, die dann an die Macht kamen. Wir sind in ein Museum
gegangen von einem Mann der mit zehn Jahren dazu gezwungen
wurden für die Roten Khmer, die seine Eltern umgebracht hatten, Landmienen zu setzen und danach für die Vietnamesen und Kambodschaner
zu kämpfen. Jetzt entschärft er Landmienen und hat schon tausende
gefunden. Insgesamt gab es 10.000.000 Landmienen, die alle ganz gut
im Dschungel versteckt sind und die man nur schwer sehen kann.
3.000.000 sind schon gefunden, aber man darf nicht außerhalb der Wege
gehen und es wird noch 50-100 Jahre dauern bis alle entschärft sind.
Überall auf den Straßen sieht man Menschen ohne Arme oder Beine.
Viele haben als Kinder ihre Gliedmaßen verloren. Auch unser Führer
im Museum hatte als Achtjähriger ein Bein verloren. In diesem Krieg
wurden die Roten Khmer von den USA finanziert und die Kommunisten
von der Sowjetunion. Es war auch ein Teil des Kalten Krieges.

27.5.2006, Siem Reap
Hallo; ihr wollt alle wissen wie es uns hier geht? Mir (Vico) gefällt unsere
Reise super gut. Ausser 22 Mückenstichen an meinen Beinen bin ich

Bei uns ist es schrecklich kalt,
also (Vico) sei lieber nicht zu vor-
eilig mit deinen Kommentaren.
Jakob
6:34 AM, June 06, 2006

auch gesund. Und alle anderen auch. Bisher fand ich alle Länder toll.
Aber manchmal ist es ein wenig zu heiss (ich freue mich schon auf
Patagonien, auf Minus 10 Grad CELSIUS.) In jedem Land gefällt uns
etwas besonders gut. Hier sind es die vielen Frösche die nachts am
Boden herumhüpfen und bei denen man aufpassen muss, das man nicht
auf sie rauftritt. Hier im Hotel finde ich auch den Pool sehr schön. Ich
muss jetzt schnell Schluss machen denn ich habe einen Mordshunger
und das Essen ist hier köstlich. (Lilian schläft noch, aber ich glaube sie

Ich habe eines Tages
Club Penguin gespielt
und plötzlich stand bei mir im
iGloo ein BLAUER Penguin
namens Vico!
Warst du das?
DANIEL

findet das auch alles so)
P.S. Daniel: ich war nicht der blaue Pinguin!

29.5.2006, Phnom Phenh
Phnom Penh ist eine tolle Stadt. Von *Ice Age 2, Da Vinci code,* (Raub-kopiert und für zwei Dollar) bis zu Marihuana Pizzas (auch unter dem Namen Happy Pizza) gibt es hier wirklich alles.

Today we went to the Russian market. It was really cool because you could get the newest DVDs for two dollars and Puma, Adidas, Quicksilver, Gap and Nike T-shirts for three dollars which were not faked. In the middle of the market people sold food. They cooked fish on open fires and ate a fruit that looks like a melon with spikes. The fruit smelled foul. I did not try it this time and I will not in the future. Some stalls sold grilled locusts and snails. There also was a section full of old moped parts (there are not many cars in Cambodia, but millions of mopeds), drills and nails. There was a huge section with jewellery were they sold fake Rolex and fake stones. In the evening we first stayed very long in the swimming pool and our mother had to force us out to write this. Then my mum and her friend went out for Dinner. We stayed in the hotel and watched *Zathura* and *Ice Age 2*.

We also visited a school that was used by the Khmer Rouge as a prison. There they kept and tortured 17000 people. At the end only 7 survived. The others now lie in the Killing Fields (Darüber haben

wir einen sehr brutalen Film gesehen. Er hieß *The Killing Fields*. Die Killing Fields ist ein Massengrab in der Nähe von Phnom Penh, wo die Knochen von 17000 Menschen liegen). The Khmer Rouge killed a third (Mr. Sargent: I am still doing fractions) of the population in Cambodia. They evacuated the whole of Phnom Phenh in one day and brought them to work in the country side. They taught the children to hate the people and even kill their parents. But now you can't really see what happened and the people seem happy.

Tonight, at one thirty we are flying to China. From my godfather who lives in Shanghai I know that we can't access this blog in China (maybe we used the word democracy somewhere). So in the next 9 days we will not post anything.

To go to the airport we took a Tuktuk and the drivers girlfriend sat next to us in her pjyamas.

Ich grüße euch ganz, ganz herzlich und möchte euch nochmals sagen, dass die Tage in Kambodscha mit euch zusammen sehr schön waren. Ich bin ganz glücklich nach Hause gefahren und danke euch für die Zeit. Sollte unterwegs noch jemand ausfallen, ruft mich an. Ich komme spontan vorbei.
Herzliche Grüße
Eure Rita
2:26 AM, June 20, 2006

31.5.-9.6.2006 CHINA
SHANGHAI
ANHUI PROVINCE
HONG KONG

You are here!

Hier ging die tage der offizielle chinesische umweltbericht durch die presse. das war ziemlich ernüchternd. die realität sieht sicher noch viel schlimmer aus. wie war denn euer eindruck? tilo.

31.5.- 2.6.2006, Shanghai

At 2 o'clock in the morning we flew off to Shanghai. We arrived at the airport at 5 o'clock in the morning and met my moms friend Judith. The first thing I did was to go to bed in our apartment. Then we walked around a bit. Shanghai is really modern. Mostly all of the houses are giant skyscrapers in all colours, even gold (which looks pretty awful). There are TVs everywhere. You can watch TV when you wait for a bus, in a taxi and while you wait for elevators. Our hotel has 31 floors but they skipped all numbers with a 4 and 13, because those are unlucky numbers, so in reality there are only 27 floors. The people here wear western clothes and speak Chinese. I just know one word and that is *nee hao ma* (I don't know how it is spelled), that means "Hello" or "How are you". In the evening we met Vico's godfather Philip and his family. We ate Pizza for dinner (something I didn't eat for months). I like Shanghai because in the last 2 months the places were not so modern, but I couldn't live here because it is too full.

The next morning we went to a tea house where we tried all sorts of Chinese tea. First they warmed the cup with tea and then spilled it all over the table. Then we drank lots of tea from very small cups. We all liked Oolong tea best. When we went to a large park and it was very funny because everywhere people were dancing and singing opera songs. Also many people where doing Tai Chi (in pyjamas). For lunch we went into a Dim Sum restaurant. They had frog legs, chicken claws,

cow eyes and other delicious things. My moms friend ordered more and more until the waitress said "Its enough, its enough!" Then we went to a silk market where we ordered 5 pyjamas which they will sow for us.

The next day was a real feast because we could sleep until twelve and we could eat in bed. In the afternoon we picked up Paula and Samuel, my godfathers children, from the Shanghai International Community School (SICS). We also had a little time to read to the children from pre-school. I read *The real story of the three little pigs*. It was about the wolf telling his side of the story and was very funny. Lilian read *The mermaid* which was pretty boring (don't tell her). We also visited the second grade where Samuels teacher, Mr. Murdoch, tried to make silk from the cocoon of silk worms. Than we went to Samuels flat. In the compounds we went swimming and played with the cat.

3.6.-7.6.2006, Anhui Province

In the evening we took a night train to Hangzhou. There were little cabins with 6 little, hard beds. Always 3 on top of each other. We all wanted to sleep on the top bed. It was not a very comfortable night, but we survived. I woke up twice because of a man who lay two beds under me and snored. In the morning we all had Muskelkater. Vico was really tired and screamed at everybody.

The next morning in Hangzhou we had to wake up at 5 a.m. because they all wanted to visit a very famous mountain (yellow mountain). We went up with a cable car. On top of the mountain we could not see anything because it was so foggy and rained a lot. We went hiking for about 5 hours. It was really funny because we asked all the Chinese tourists if they would like some sausages. (Samuel can speak Chinese).

For the next three days we stayed in a very old Chinese house which is directly at a little, very famous pond. In this village (Hongcun) *Tiger and Dragon* was filmed. The house's walls are full of calligraphy

and there is an old woman, grandmother Wang, who lives with us and watches what we do.

This is what Vico wrote for his German teacher Frau Hollweg. He is supposed to do a place description for every country we pass through.
„Geweckt wird man von den unzähligen chinesischen Reisegruppen, angeführt von Reiseführern mit Megaphonen, die wie eine Elefantenherde durch unser Zimmer zu trampeln scheinen. Unser Haus liegt an

einem kleinen, halbmondförmigen Tümpel umgeben von alten Stein-
häusern mit Pferdekopfdächern, die sich im Wasser spiegeln. Die stille
Wasseroberfläche wird nur von dem ständigen auftauchen der Fische
gestört, unter ihnen auch große, orangefarbene Karpfen. Schulkinder
malen die Szenerie, die berühmt geworden ist, weil dort der chinesische
Film *Tiger and Dragon* gedreht wurde. Die Hauseingänge sind flankiert
mit rot-goldenen Laternen und Schriftbändern. Eine alte Oma kommt aus
ihrem Haus und wäscht ihre Bratpfanne im Teich. In kleinen Geschäften
kann man Souvenire, Getränke und kleine Kuchen kaufen. Jetzt um
12 Uhr sitzen die ganzen Touristen in Lokalen vor dem Dorfeingang
und es wird wieder ruhig."

Tonight we are flying back to Shanghai and I am really glad
because the food here is awful. One reason I can't eat anything is the
Chinese couple who is travelling with us. They eat really ugly, making
awful sounds. We always try to talk really loud so we can't hear them,
but it doesn't work. For breakfast we get steamed buns, tofu, meat and
vegetable and rice soup cooked with water. Lunch is noodle soup, which
I don't like. For Dinner we get vegetables with meat and rice in sweet
soya sauce, which I don't like either. Directly from the airport we went
to a very good Japanese restaurant. We ate miso soup and sushi.
We were very happy.

8.6.2006, Shanghai
The next day we visited a primary school, the Jiaotong Preliminary
School. In China it is very complicated to visit schools. Its not like in
other countries, where you can just walk in. In China you have to make
thousands of phone calls and use connections. Vicos godfather con-
tacted a collegue of his, whose father knew somebody in the school. We
had to give a present to the father to thank him. We had a translater
who translated for us. We went to a third year English class. When the

bell rang they all stood up and said "Good morning teacher.". They bowed to the teacher and sat down. They learnt about the four seasons. The students were really quiet and never talked to their neighbours. They sat really straight and always answered in a chorus. Questions were answered really quickly and if a student did not know the answer immediately the teacher said "Think it over." and made him sit down again. The teacher wrote all four seasons on the board and below they listed things you do in these seasons. Than they made a song out of it and used the melody of *Brother John*. There was no pause and the teacher and the students just kept on talking. The students wore red scarves around their neck as a sign that they joined the communist party. When the teacher said that the class was over, the students still stood still and only after the teacher said "You can go and play now.", did they move. Some children wanted to talk to us and when we asked them something they also answered in a chorus.

9.6.-10.6.2006 Hong Kong

We are in Hong Kong for one night. From our hotel we have a great view over all the big skyscrapers with the logos of Epson, Siemens, Panasonic, Philips, Allianz, Samsung, Olympus, Haier, Sharp, Hitachi, Alcatel and some Chinese characters that we can't read. While we were sitting in the lobby, eating a huge banana boat ice cream, suddenly an enormous storm come and for a moment Lilian and Mami were scared, that it was

Sprecht Ihr schon ein wenig Mandarin? Bestimmt schnappt Ihr in jedem Land ein paar Wörter auf. Schreibt uns doch mal Eure Favoriten auf!
Wo habt Ihr den Anfang der WM gekuckt? oder haltet Ihr Euch ignorant??? Nicht doch... Jubeln die Chinesen auch dem Ball zu?
Ina mit Fabienne und Flo
2:32 AM, June 13, 2006

a Tsunami. Unfortunately we couldn't go to the pool on top of the roof. Later tonight we will watch the first game of the World Cup.

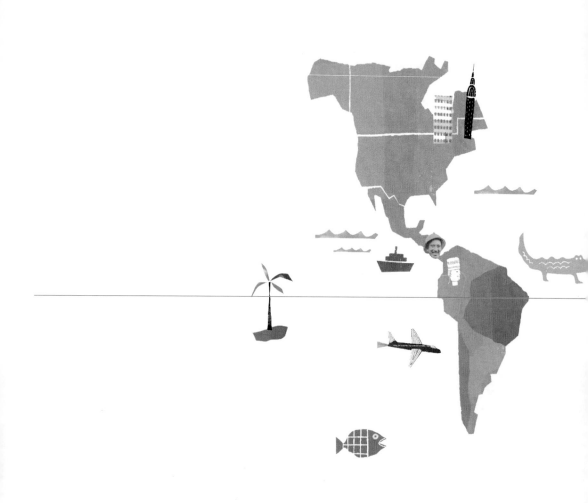

BERLIN

ÄGYPTEN

Äthiopien

Jordanien

OMAN

KOLKATA

Bhutan

CHINA

KAMBODscha

Shanghai

Hongkong

10.6.-15.6.2006 INDONESIA
BALI

You are here!

10.6.- 15.6.2006 Bali

We were in Bali 7 years before when I (Vico) was 3. I couldn't believe how much it has changed. Where before had been only rice paddies are now long streets with tourist shops on either side. Last time when we were here we were in a hotel in the middle of rice paddies. We were there with some of our friends, Casper, Lea, Amos, Ava, Helene, Medina and their mothers, my mum's friends. We went again to the same hotel, which is in the middle of Bali. We have a big terrace overlooking the rice paddies. To go to the hotel we had to walk through a big forest. Hundreds of monkeys climbed from branch to branch and onto peoples heads. I still remember the forest because there monkeys had stolen my chewing gum. This time one monkey tried to climb on my shoulder and search my hair for headlice. It didn't find any.

We also visited our friends Mascha and Pico who live here. Pico is my dads godchild and 13 years old. They have 17 cats and 5 dogs and 6 horses and their house is directly at the beach. We played football, basketball and Kanaster together and went to their end of school performance. They also go to an international school. Last night we went with them to a café where we played pool.

At nine o' clock p.m. we always watch the world cup games with the people working in the hotel. But we can't watch all of them because the later games are at midnight and 3 a.m.. Today I (Lilian) will try to wake up and watch Germany against Poland.

Nun ist es endlich auch in Berlin warm geworden. Es sind 30 Grad, aber wir bekommen trotzdem kein Hitzefrei.
Viele Grüße und noch viel Spaß.
Jakob
12:39 PM, June 15, 2006

Hallo Lilli, Es ist so toll von dir zu hören. Ich habe deinen Brief mit dem tollen Stempel bekommen.
DEINE ANIKA (DIE KLEINE)
8:57 AM, June 16, 2006

Now we are well equipped because Julius sent us a package with a german fan cap, bracelets and socks.
(Thank you, Julius.)

WM in Bali

An Tilo und Julius: ja wir haben das Spiel gekuckt (Deutschland gegen Polen), aber nur ich und Mama. Die anderen haben gepennt. Wir waren schon ganz verzweifelt dass Deutschland so viele Chancen vermasselt hat. Danach haben wir noch ein paar Stunden geschlafen.

*Liebe Lilian,
hast Du es geschafft, wach
zu bleiben? Es war ja wirklich
unheimlich spannend.
Liebe Grüße, Tilo
4:33 AM, June 15, 2006*

*P.S.:
Deutschland hat jetzt doppelte
Chancen Weltmeister zu werden:
1. Statistisch gesehen wird
Deutschland in Deutschland
immer Weltmeister
(1974 in München)
2. immer wenn Deutschland
in der Gruppenphase die ersten
zwei Spiele gewinnt
(2006: Costa Rica + Polen)
werden sie Weltmeister
(1974, 1990, und 2006 [?])
Julius
4:54 AM, June 15, 2006*

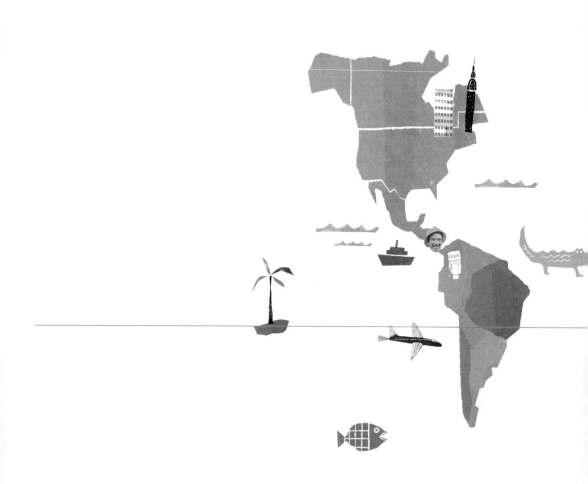

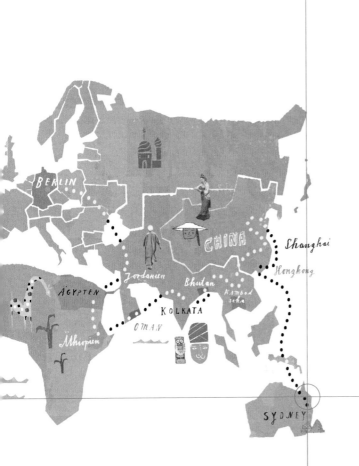

BERLIN

ÄGYPTEN

Jordanien

CHINA

Shanghai

Hongkong

Bhutan

Kambod
scha

KOLKATA

OMAN

Äthiopien

SYDNEY

16.6.-18.6.2006 AUSTRALIA
SYDNEY

You are here!

16.6.-18.6.2006 Sydney

Jetzt sind wir in Sydney.

We live in a place called Bondi Beach. It is the most famous beach in the whole of Australia and in summer and spring hundreds of surfers go there to practice. But not now! In Australia it is now winter and the water is cold. For breakfast we were in the same breakfast cafe as last autumn called BlueOrange. We took a ship to the city center and walked around. Everywhere there are people (mostly Aboriginies) playing the drum, didgeridoo and guitar. It was funny because one of the Aboriginies was nearly naked and only wore some cloth around his waist and when the music stopped he took out his cell phone and called someone. We saw the famous opera house and then walked to the botanical garden. We went to a exhibition about carnivorous plants and it was really interesting. As we walked around the garden we looked up and to our surprise there were millions of bat sleeping in the trees. They were really big and some also flew around. They were called grey headed fox and we watched them for a long time. The bats have settled in the garden many years ago and probably fled when the area around Sydney started to be build up and used for humans. At night they feed on the fruits of rainforest trees and pollinate them. I also shot some small films about them and some other white birds with funny, feathery heads with my Mums camera. Then we spent some time reading in my mum's favourite café, called Kava.

In the evening we met Pál, who is a friend of us and who lives in Sydney, in a bar. When Vico went up to get a Coke the waiter said that they don't serve children and so my mom had to order. Then we went to a Thai-Korean restaurant. The food in Sydney is really very good.

The next day was my dad's birthday. First we had breakfast in a café in Bondi and ate huge pancakes with fruit. Next we went to a shop where they sell CDs and really nice T-shirts with photos from the beach and a famous bridge in Bondi. Vico and I had given our Dad

a voucher for a T-shirt and we also bought some for ourselves. Then
we went to the beach. Later in the afternoon I (Lilian) flooded our hotel
room because I ran a bath and there was no Überlaufschutz, so while
I was reading in the next room, the water went over the bath tub into
the living room onto the carpet. I used all the towels for cleaning up
and all they were all soaked. There is still a very large dark spot on the
floor and I hope it will dry before we move out.

In the evening we went to a big restaurant and had dinner on
the terrace on the 8 floor from where we could see Harbour Brigde,
the opera and the skyscrapers.

HEY LILLI!!!!
wie gehts dir?? mir gehts ganz
gut. Ich bin gerade in der schule
aber wir haben freetime :)
Wie du schon weisst, ich bin
mit konsti zusammen:) wann
kommst du zurück? bevor die
schule anfängt oder erst später?
Wir vermissen dich alle! also...
viel spaß noch!! can't wait till
you come back! see ya :):)
Linda

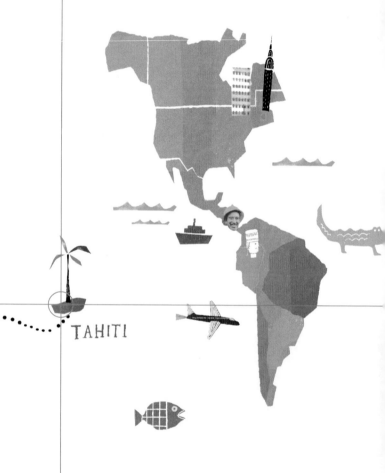

TAHITI

You are here!

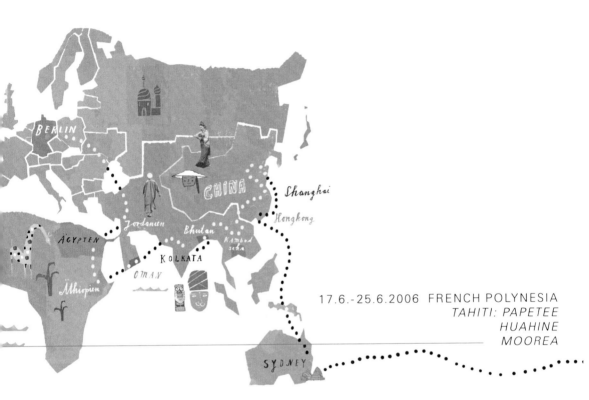

17.6.-25.6.2006 FRENCH POLYNESIA
TAHITI: PAPETEE
HUAHINE
MOOREA

Während ihr die welt bereist, habe ich soviel gerabeitet, dass eure spannenden reiseberichte bisher völlig an mir vorüber gegangen sind – aber nun sitze ich gebannt vor dem computer und lese von euren abenteurn. um mich herum auf dem riesigen bavaria gelände ist es mitten am tag völlig still, kein mensch bewegt sich, da gerade deutschland gegen - hm, ich weiss gar nicht genau gegen wen... (peinlich) angepfiffen wurde und sich all die bienefleissigen menschen vor den wenigen aufgestellten fernsehern versammeln und auf große taten ihrer mannschaft hoffen. und da man deswegen gerade eh niemanden erreicht, die welt quasi still steht, kann ich euch eine kleine nachricht schicken. wirklich faszinierend, so entlegen können die orte gar nicht sein, die ihr bereist, dass die WM nicht auch dorthin flimmert. und ihr die passenden sokken dazu tragt.
deutschland hat seine liebe zur

In the morning of the 18. we flew to Tahiti and landed on the evening of the 17. That was possible because the date line is in the pacific between Tahiti and Australia. So we could celebrate my dads birthday twice. In Papetee we lived in a shity hotel and ate crepes in the evening at a market stall. Tahiti is really expensive. One can of beer in the shop costs 5 Euro and a crepe 10 Euro. It is like this because it is still a French colony. Everybody speaks French.

At 6 o'clock in the morning we watched Brazil against Australia. I (Lilian) was for Australia. It was a good game although they lost. Then we took a plane to Huahine, which is a small island. We have rented a house at the edge of the sea. It is really cool.

Auf den Fotos sieht man unser Haus und der weiße Fleck in der Bucht sind wir auch.

18.6.- 21.6.2006, Huahine
Überall auf der Insel findet man große Kokosnusspalmen, Bananenstauden, Brotfruchtbäume und viele Blumen. Es gibt nur eine Strasse, die an der Küste entlang führt. Wenige Leute haben Autos. Jeden Morgen gehen wir mit dem Kanu aufs Meer, schubsen uns gegenseitig ins Wasser und besuchen kleine Riffs. Das Wasser ist ganz warm und türkis aber es gibt nicht mehr so viele Riffs weil vor ein paar Jahren ein großer Taifun die meiste Wasserwelt zerstört hat. Die ganze Insel ist von einer Lagune umgeben und man kann die Wellen viel weiter vorne brechen

nationalen flagge entdeckt. nachdem man sich in diesem land lange nicht getraut hat, eine fahne aus dem fenster zu hängen, hat deutschland nun alle bedenken über bord geworfen und flaggt was geht. menschen wickeln ihren leib in fahnen, bemahlen sich die gesichter und kaum ein auto fährt durch die stadt, dass

sehen. Surfen ist hier auch ein beliebter Sport. Die Polynesier waren die ursprünglichen Erfinder des Surfens. Bei ihnen hatte es aber eine rituelle Bedeutung. Wenn ein Häuptling gut im Surfen war wurde ihm mehr Macht zugesprochen. Nachdem die Südsee von Europäern entdeckt worden war kamen die Missionare und verbaten ihnen das Surfen. Die meisten Tahitianer sind jetzt Christen und überall kann man kleine Kirchen sehen.

Mit dem Essen hier komme ich (Vico) nicht so gut klar, denn außer Fisch kriegt man hier fast nichts. Meistens esse ich nur Fruchtsalat, Pommes, Reis und schlechtes Baguette. Die anderen haben damit nicht so viele Probleme weil sie gerne Fisch mögen. Aber sie finden es auch langweilig immer das gleiche zu essen.

Gestern abend haben wir auf dem Laptop am Strand einen Film gesehen. Es war ein Dokumentarfilm über Krumping und Clowning in einem Ghetto von Los Angeles. Man sah die ganze Zeit Kinder und Jugendliche ganz schnell wild tanzen während ihnen der Schweiß über Gesicht und Körper strömte. Sie sollen dadurch abgehalten werden in eine der vielen Gangs zu gehen und sich gegenseitig umzubringen. Der Film war sehr gut.

Im Moment regnet es (der einzige Grund warum mich meine Mutter zwingen konnte Hausaufgaben zu machen). Lilian die Streberin macht schon seit Stunden Mathe und findet sich ganz toll.

20.6.2006, Huahine
Wir waren in einer Dorfschule in Haapa. Es gab vier Klassen und meistens war der Unterricht draußen. In der Schule waren sie mit der Zeit sehr locker und 10 Minuten nach Stundenanfang spielten die Kinder immer noch draußen. Aber das war nicht so schlimm, denn der Lehrer kam auch zu spät. Da Tahiti und die Inseln zu Frankreich gehören haben sie auch das französische Schulsystem. Auf Huahine kann man keinen

nicht geflaggt hat.
den jubelschreien zu folge muss
deutschland schon zwei tore
haben. ich trolle mich jetzt auch
mal vor einen fernseher, um
dieses globale grossereignis
nicht genauso zu verpassen wie
bisher eure reiseberichte.
Sophie
7:50 AM, June 20, 2006

your holiday looks magical. in the
pictures i can see that your hair
has grown. it looks so nice so
don't cut it ok. i love that stamp
you got me with my name it is
beautiful. i also like what it
means. in the WM i am for Ghana.
I know that they won't win but
that doesn't matter. i will also be
happy when germany wins.
hugs Daniella
7:39 AM, June 20, 2006

Auch mich hat das Fußballfieber
gepackt und ich bin ganz verrückt
nach Figo!! Habe zur großen
Freude von Julius sogar eine

Schulabschluss machen, sondern muss auf eine größere Insel fahren. Darum machen nur 5 oder 6 Kinder aus jeder Klasse einen Abschluss. Der Unterricht ist auf Französisch, sie lernen aber auch Tahitianisch, Spanisch und Englisch.

Wir haben uns eine Sportstunde angeschaut, wo die Kinder auf einem Sportplatz direkt am Meer Volleyball spielten. Die Kinder waren super gut. Sie waren sogar so gut das ich nicht mitspielen wollte (und Lilian wollte nur mitspielen wenn ich mitspiele). Ich habe auch für

Fahne fürs Auto gekauft, erfolg-
reich montiert und durch Berlin
gefahren. Trinke bei jedem Spiel
Becks Green Lemon aus der
Flasche und amüsiere mich. Wer
hätte das gedacht?!! Wir verfol-
gen weiterhin aufmerksam Eure
Posts und erleben dank der tollen
Fotos vieles mit. Eure Lui & Co
3:33 PM, June 25, 2006

Frau Kleihues (ha!) und für Mr. Smith, Herrn Jordan und Frau Claus ein paar Filme gemacht. Der Lehrer stand eigentlich nur die ganze Zeit da und schaute zu, während die Kinder sich schnell in Gruppen aufteilten und der Schiedsrichter gewählt wurde. Sie haben die ganze Zeit gespielt und ein richtiges Turnier gemacht und den Ball fast immer übers Netz gekriegt. Ibi würde bestimmt alles tun um diese Kinder in unsere Schule zu kriegen. Am Ende musste ich noch vor der ganzen Klasse auf Händen gehen.

habt ihr das achtelfinale sehen können? bei euch wahrscheinlich mit 4.00 Uhr aufstehen, oder? interessiert sich denn auf tahiti überhaupt jemand für fußball? weiterhin viele tolle erlebnisse. bis demnächst, tilo.
12:43 AM, June 26, 2006

hi Vico, hi lille
sind das die regulären preise, oder halten die euch für Millionäre ? wie und wovon leben denn die Einheimischen da?
bettina
4:06 AM, June 27, 2006

Lieber Tilo, wir haben das Achtelfinale gesehen und in Tahiti sind sie alle für Frankreich, denn sie sind ja noch eine französische Kolonie. Die einzige Frage, die uns die Schüler in der Schule in Huahine gestellt haben war, ob das deutsche Team sich gut auf die WM vorbereitet hat. Überall in den Cafes und Bars lief Fußball und wir haben oft mitgeschaut.

Hallo Bettina, ne, ich glaube die Einheimischen in der Südsee haben uns nicht für Millionäre gehalten, für sie ist es genauso teuer. Aber sie verdienen auch so viel wie in Australien die Leute. Da die Franzosen so viel Geld in ihre Kolonie reingesteckt haben, ist derLebenstandard ziemlich hoch.

22.6.- 25.6.2006, Moorea

Moorea is one of the more touristic islands. There are many hotels and restaurants. We live in an over-water-bungalow. It is great because from it you can climb directly into the water. We rented out kayaks and snorkling equipment. We did one activity were you could touch and swim with the dolphins. The dolphins are 2 meters long and weigh more than 200 kg. The skin is like rubber. It was really great and we had a lot of fun. We played a lot of Volleyball and a little Tennis because for shoes it was too hot and the floor of the Tennis court was as hot as an oven. Later I saw that the skin on my foot was burned and I could peel it off very easily. Yesterday we woke up at 5 in the morning to watch Germany against Sweden. We let Vico sleep, because in the evening he said "If you wake me up I will kill you". So he missed a great game. Now we are on a ferry back to Papeete. There are 4 women who play guitar and sing French and Tahitian songs. At 1 a.m. we will fly to Chile.

Again everything was very expensive. Everything has to be imported from far away countries (mostly from France) because Tahiti is very isolated. Another reason Tahitin is so expensive is that the French gave them a lot of money so that they could do their atomic tests there (until a few years ago).

ich habe natürlich eure reise weiter verfolgt und beneide euch um die vielen schönen erlebnisse. ich bin trotzdem noch ganz froh und glücklich, wenn ich an die schönen tage mit euch zusammen

in Kambodscha denke. ich fand unserer zusammensein wunderbar und denke sehr, sehr gerne daran zurück. nochmals einen herzlichen dank dafür. ihr seid tolle reiseführer.
Rita

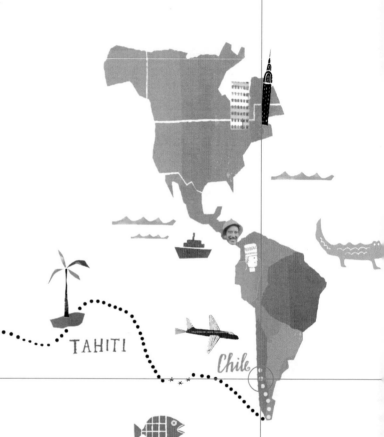

TAHITI

Chile

You are here!

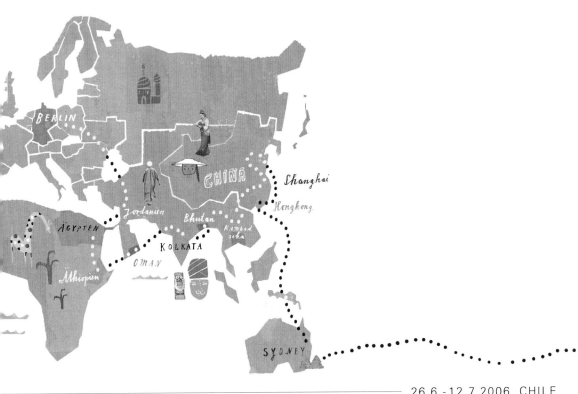

26.6.-12.7.2006 CHILE
SANTIAGO DE CHILE
PATAGONIA: TORRES DEL PAINE
SAN PEDRO DE ATACAMA
ARICA

26.6.- 28.6.2006, Santiago de Chile

Endlich wieder Kommentare! Vielen, vielen Dank fuer alle Eure schoenen Kommentare! Irgendwas war kaput an unserem blog, deswegen konnten wir sie gar nicht sehen (nur im Betriebssystem). Wir werden sie auch erst morgen beantworten denn im Moment ist es spät und wir schauen uns unser und Ibis Haus, das Olympiastadion und unsere Schule auf google earth an. Wir sind gerade in Patagonien und überall liegt Schnee. Unser Hotel ist in einem Naturschutzgebiet und in unserem Zimmer haben wir ein Jacuzzi (eine Badewanne mit Duesen). Morgen schreiben wir darueber viel mehr. Aber erstmal müssen wir Fußball sehen (Deutschland gegen Argentinien und wir hoffen, dass die Deutschen gewinnen. Aber dann gibt es kein gutes Essen, denn die Koeche hier sind alles Argentinier! Vorsichtshalber essen wir nur Wasser und Brot falls sie uns vergiften wollen.

When we arrived in Santiago it was night and we took a taxi to our hotel. On the way we saw a boy joggling with 4 sticks that were on fire.

The next day we went to a humongous shopping mall. First we left my dad at a Starbucks where he worked for the next hours. Lilian, my mum and I went into a big store were we bought warm ski anoraks, socks and hats because in Patagonia it will be very cold. Later we watched in a sushi restaurant France against Spain. That was good!

My mum wanted to go into the Museum of Pre-Columbian Art. Of course we went into the wrong museum so we had to look at two

Herzlichen Dank dafür, dass man Eurem Abenteuer so haut- und erlebensnah folgen kann. Obwohl Ihr vorwärts reist, seid Ihr doch von Anfang an auf der Rückreise. ;-)
Besondere Momente kann man nicht festhalten, Souvenirs schon, und Souvenirs sind Anker der Erinnerung. Was werdet Ihr mitbringen?
Euch allen weiterhin eine erlebnis-reiche Reise, offene Herzen und gute Gesundheit.
Hannelore

museums. (All my nightmares became true.) In the city center was one street with one hotdog shop after another and there is much other fast food too.

28.6.2006, On the plane to Punta Arenas, Patagonia
In the moment we are flying over snow covered mountains and snow
deserts. The sun is shining so the snow is glowing as if on fire. It is
a very beautiful sight.

Punta Arenas liegt fast in der Antarktis und ist ziemlich kalt.
Vor einer Bar hat uns ein Mann auf deutsch angesprochen, mit einem
bayerischen Akzent und erzählt, dass seine Vorfahren schon seit vier
Generationen hier leben. Man sieht keine Indios, nur auf alten Fotos
und da sehen sie aus wie Eskimos. Sie sind an Krankheiten gestorben,
die die Weißen gebracht haben und sind verjagt worden. Vor über
hundert Jahren zogen hier ganz viele Europäer hin und züchteten Schafe.
Auf dem Weg in den Nationalpark sieht man sehr viele Schafe und
Guanacos (wie Lamas), Vogelstrausse und Adler.

29.6.2006, Torres del Paine
Von unserem Hotelfenster hat man einen tollen Blick über riesige
schnee- und gletscherbedeckte Berge. Dass Hotel hat 50 Zimmer
doch im Moment sind nur 4 besetzt. Ich und Lille haben ein Zimmer,
Mama und Papa ein anderes, ein Hochzeitspaar aus England und
2 Amerikaner, Jack und Mark, die anderen. Das Hotel liegt direkt im
Nationalpark, es gehört einem reichen Chilenen und ich weiß nicht
wie er die Erlaubnis dafür bekommen hat.

Am nächsten Tag sahen wir auf dem Satelliten-Fernseher

Deutschland gegen Argentinien und obwohl die Deutschen gewonnen
haben und die Leute in der Küche Argentiner waren, schmeckte das
Essen gut. Danach gingen wir wandern. Wir gingen vorbei an schnee-
bedeckten Bergen und zugefrorenen Seen. Einer der Seen war an ein
paar Stellen noch offen und auf dem Eis war eine 5 mm dicke Wasser-
schicht. An diesem Tag war es sehr windig und das Wasser schoss über
die Eisfläche. Mit meinen wasserdichten Schuhen konnte ich auf dem
Eis gehen und hatte das Gefühl auf dem Wasser zu laufen.

Nur schade das Lilian nicht dabei war, sie hatte Kopfschmerzen. Einmal als ich auf dem See stand war der Wind so stark, dass ich mit dem Wasser übers Eis gerutscht bin. Wir sahen sehr viele Guanacos, kleine Hasen, große Vögel, aber leider keine Pumas. Später fanden wir ein jedoch Guanacoskellett dass von einem Puma gegessen worden war. Im Moment leben aber nur noch ungefähr 50 Pumas im Park. Die Besitzer der Schafe mögen sie nicht und schießen sie ab, obwohl das verboten ist.

Danach gingen wir ins Schwimmbad, tranken Coca Cola im outside jacuzzi, aber gingen nicht in den 2 Grad Celsius kalten See direkt davor (obwohl wir Eisschwimmer sind! Anmeldungen für diesen Verein bitte bei Juri (Mr. Orogaschow, wir wissen nicht wie man den richtig schreibt) oder Rischi!).

Heute machten wir wieder eine lange Wanderung zu dem Grey Gletscher. Er ist 29 km lang und 5 km breit und Teil des Patagonischen Eisfelds. Er hat eine türkise Farbe und ist total irre. Der Gletscher ist ungefähr 6 Meter über dem Wasserspiegel und stammt aus der letzten Eiszeit (vor 15.000 Jahren). In die Tiefe geht er noch mal 40 meter runter. Im See davor schwimmen überall kleine Eisberge, die vom Gletscher abgebrochen sind. In den letzten 10 Jahren ist der Gletscher um 2 km geschrumpft (wegen der Erderwärmung durch Abgase und so). Ich finde es hier so schön, dass ich vielleicht hier auf meine Hochzeitsreise hin fahren würde (was hoffentlich nie passieren wird!). Auf dem Rückweg

hab ich auf einem kleinen Teich mit einem Stein Eisfußball gespielt und 2 Tore geschossen. Wieder im Hotel schauten wir uns die 2. Halbzeit von Brasilien gegen Frankreich an (1:0 für Frankreich) und das Essen hat heute sogar noch besser als sonst geschmeckt, denn der Hauptkoch ist Franzose. Wir haben uns aber auch richtig gefreut, denn wir haben ein Haus in Frankreich. Im Moment sitzen wir vor einem Kamin und Lilian macht mal wieder Mathe, Papa liest in einer Zeitung und Mama liest über Feuerländer und wie sie ausgerottet wurden.

Und hier noch ein paar Antworten aus der totalen Hitze (0 Grad Celsius) von Lilian:

Hi Ceci, Anika and Daniella, I am glad you liked the chinese stamps. My name in Chinese means 1. some sort of flower (I don't know which sort but it is beautiful), 2. peace and justice. For Feli there is also something in the mail, but I didn't have her address so I carried it from Australia to Tahiti and Chile. Sind eure Zeugnisse gut? Ich weiß gar nicht ob ich eins kriege, aber eigentlich muss ich ja eins kriegen um in die nächste Klasse versetzt zu werden. Freue mich auch schon sehr auf Euch, Liebe Grüsse, Lilian

Hallo Lena, hau Cecilia von mir eine runter, das sie euch den blog jetzt erst zeigt. Unsere Reise macht total Spaß, manchmal will ich aber auch gerne in meinem eigenen Bett schlafen.

Hallo Philip, sind Anton und Jakob schon auf Klassenreise? Wir werden das Halbfinale ja wohl zusammen in Santiago sehen. Wir freuen uns schon drauf. Und auf euch alle. Vico hat heute euer Haus auf google earth gefunden. Euch konnte man leider nicht sehen. Vielleicht habt ihr gerade Fußball gekuckt.

Hallo Sophie, Flaggt ihr denn auch? Heute haben wir Deutschland gegen Argentinien gekuckt und sehr gezittert. Am Ende haben wir uns

Hey Lili,
thx for the stamp and letter,
its really nice. danke!!!
Ciao Ciao, i miss u
cecilia
1:32 AM, June 23, 2006

Cecilia hat uns nach ungefähr 2 Monaten diese Seite gezeigt, da wir dir sonst schon viel früher geschrieben hätten. Hier ist richtig viel los in der Schule. Jetzt wo wir ja bald Zeugnisse kriegen versuchen die Lehrer/in noch alles aus uns rauszukriegen. Wir freuen uns schon riesig auf dich und vermissen dich richtig doll. Bis dann Und gaaaaaannnnnnnzzz viel Spass noch. HDSMDL Lena (3(3 1:40 AM, June 23, 2006

denkt ihr manchmal daran, wie es sich anfühlen wird, wieder im

dann total gefreut. Nur Mama, die Spielverderberin, musste mal wieder sagen: die armen Argentinier. Und die Argentinier im Hotel waren sehr traurig. Wir freuen uns immer auf das nächste Land, aber manchmal auch auf unser Berliner Bett, das ist so gemütlich. Habt ihr denn schon Flüge für Frankreich gebucht? Wir wollen die letzte Woche unser Reise doch noch dort hin. Jonas kommt doch auch mit oder?

eigenen bett zu schlafen? blöde frage eigentlich. eben die perspektive einer daheim gebliebenen. ihr denkt sicher eher über das nächste neue bett, das nächste land, das nächste abenteuer nach. und das ist auch richtig so. wie würde eure mutter sagen?- be a risk taker!
Sophie

2.7.2006, Torres del Paine

Today when we woke up everything was white and it was a completely different landscape. We hiked 2 hours to a waterfall which was about 20 meters high and from there to a viewpoint where you normally see the massif (the big mountain range). The problem was that it was so cloudy that we could not see anything. On our walk we saw many guanacos and Vico tried to touch one of them but they were too quick and shy.

Than we went to the stables and had a BBQ and afterwards we went horse riding. It was really great because we could ride on our own. We rode across a lake and my feet nearly got wet. In the end my horse was hungry and wanted to go home so he didn't do what I (Lilian) wanted him to do. He just kept on walking straight.

I (Vico) always trotted to the front, then stopped and trotted to the front again. I also tried to go backwards but it didn't work often. I loved the horse riding and riding over frozen lakes, up steep hills and through rivers. On the way we saw many big hares galloping in front of us, flamingos and black-necked swans and an eagle.

Now we are sitting at the fire place and are all really sad that we have to leave tomorrow morning. This was one of the nicest places we visited and we are planning to come back.

4.7.2006, Santiago de Chile

Für die nächsten 3 Wochen schreiben wir zusammen mit unseren
Freunden: Anton, Jakob, Philipp und Lotta, die wir gestern (mit Ibi)
am Flughafen getroffen haben.

Als wir (A,J,P,I und L) am Flughafen von Santiago de Chile ankamen stürmten Lilian, Vico und Joana auf uns zu und sagten, dass wir
nicht sofort weiter fliegen würden, sondern erst in 4 Stunden damit wir
noch das Spiel Deutschland gegen Italien sehen konnten. Wir fünf
waren natürlich glücklich, denn wir alle und besonders Lotta hatten
schon Angst gehabt das Spiel nicht sehen zu können. Wir gingen mitten
in Chile in einen deutschen Club, wo Stephan sich mit ein paar Chilenen
verabredet hatte. Es war zwar ein deutscher Club, aber die meisten
sprachen nur spanisch. Es war lustig, denn der Sprecher sagte zu
Deutschland: Dooitschland und zu Odonkor: Odönkör.

Nach der Niederlage haben wir ein wenig getrauert und sind
anschließend nach Calama in den Norden von Chile geflogen.

5.7.2006, San Pedro de Atacama

Hallo hier ist Lotta!!!
Dort sind wir alle müde ins Bett gefallen, nachdem Philipp, Jakob,
Anton und ich im Flugzeug ein bisschen gedöst haben.

Das Hotel war schön. Die Jungs haben in einem Zimmer und

wir Mädels im anderem (wir hatten sogar zwei Duschen) geschlafen.
Am Morgen waren alle wieder munter, nur Ibi hatte ein paar Niesanfälle.
Nach dem Aufstehen wurden wir zum Duschen verdonnert und haben
dann ein Früstückchen eingenommen. Eine Stunde später sind wir zum
Busbahnhof gegangen. Wenig später betrachteten wir mit Genuss den
wunderbaren Ausblick auf die Wüste und Vulkane.

Lille und ich haben uns begeistert das Buch *Ferien auf dem Reiterhof* vorgelesen. Philipp und Vico fotografierten die Landschaft.

Nach einer Stunde sind wir dann in San Pedro de Atacama angekommen, einem kleinen Dorf in einer Oase, und erwartungsvoll aus dem Bus gestiegen. Joana hat ein kleines Restaurant gefunden und wir aßen sehr gute Pizza. Nebenbei schauten wir das Spiel Portugal : Frankreich. Ich war eindeutig für Portugal, die anderen alle für Frankreich, doch nach und nach kamen noch ein paar auf meine Seite. Nach der zweiten großen Entäuschung (1:0) fiel Joana hektisch ein, dass sie ihren Sonnenhut verloren hatte. Wir suchten das ganze Dorf nach ihm ab. Doch ohne Erfolg. Nachdem wir Kinder ein bisschen Fußball gespielt haben sind wir dann zu Ibis GROSSER Entäuschung wieder in das gleiche Restaurant, Todo Natural, gegangen. Jetzt gehen wir alle ins Bett und freuen uns schon RIESIG auf morgen denn dann gehen wir in der Wüste mit Cowboys REITEN!!!

6.7.2006, San Pedro de Atacama

Am morgen sind wir losgeritten, erst durch die Oase und später durch die Wüste. Der Gaucho hat uns alte Ruinen gezeigt. Am Anfang war es für mich (Philipp) schwer richtig reinzukommen, da alles so geruckelt hat. Aber ich bin sicherer und sicherer geworden. An einem Berg haben wir angehalten und durften gallopieren. Das war ganz schön schnell und hat viel Spaß gemacht.

7.7.2006, San Pedro de Atacama
In der Escuela 26, San Pedro Atacama
Hallo hier sind Lotta und Lille:
Am Morgen wurden wir von Ibi und Joana etwas gestresst geweckt.
Wir alle waren noch total müde, 1. weil wir nachts noch *Ferien auf*
dem Reiterhof (ein hochwertiges Jugendbuch) vorgelesen haben und
2. weil wir vor Kälte mindestens 5mal aufgewacht sind (zitter, zitter wir
wohnen nämlich in einem kleinem Schlafraum mit drei Stockbetten und
wir, Lille und Lotta, schlafen sogar am Fenster. Dafür zahlen wir aber auch
nur 5 Dollar die Nacht!). Nachdem Joana uns erzählte, dass sie mit der
Direktorin der Dorfschule gesprochen hatte und wir alle sofort los müssten um rechtzeitig da zu sein, rekelten wir uns wohl oder übel aus den
eiskalten Betten. Nur Vico blieb maulend liegen und streikte eisern. Doch
als alle zum Frühstück kamen war er wieder voll dabei sein Müsli zu
vernaschen. Die Erwachsenen drängten uns, vor allen Ibi wurde sehr
hektisch. In der Schule redeten wir kurz mit den Lehrern und konnten
uns dann entscheiden ob wir 1. Mathe, 2. Sprache oder 3. Astronomie
wählen wollten. Sofort meldeten sich Vico und Philipp für Astronomie
an. Anton und Jakob nahmen Sprache (sie hofften, dass die Lehrerin
Deutsch oder Englisch unterrichten würde). Für uns blieb dann also nur
Mathe übrig. Das Schulgebäude bestand aus 3 länglichen Bungalows
und war etwas heruntergekommen. Sie hatten jedoch ein Basketball-
feld, auf dem man auch Fußball spielen konnte. Wir standen vor dem

Klassenraum und die Mathelehrerin schloss auf. Alle 35 Kinder (7 Klasse)
strömten lachend, schreiend und redend herein und setzten sich an die
kleinen, über und über beschriebenen Tische und holten ihre Chips,
Mp3player und Kaugummis heraus. Als die Lehrerin ihre Stimme erhob
um uns vorzustellen, wurden die Kinder jedoch nicht leiser, sondern
lauter, um die Lehrerin zu überstimmen. Wir standen vorne und wun-
derten uns über das Benehmen an der Schule. Die Frau hatte anscheinend nicht verstanden, dass wir kein Spanisch sprachen und redete für

uns unverständliche Sätze. Nachdem Joana etwas gedolmetscht hatte
setzten wir uns in die letzte Reihe. Nach ein paar Minuten kam ein Brief
zu uns. Wir dachten erst er sei für jemanden anderen, weil die ganze
Klasse herumlief um sich Zettel zuzustecken. Doch der Brief war für uns.
In ihm stand: "your name?". Wir antworteten und schrieben noch
weitere Antworten. Plötzlich kam ein zweiter Brief an Lotta von einem
Mädchen das auf ihren Sitznachbar zeigte und verschwand. In ihm stand:
"you are biutifull I love you Roberto"! Nach einem kurzem Lachkrampf
schrieben wir nicht ganz ernsthaft: "I love you, too". Doch das war ein
Fehler, denn in den nächsten 5 Minuten kamen weitere 20 Briefe (wir
übertreiben nicht!!!!!!). Die ganze Klasse versammelte sich um unsere
kleinen Tische und jeder wollte seinen Brief beantwortet haben. Die
Lehrerin tat gar nichts mehr, sondern ging heraus um zu telefonieren.
Es ging die ganze Schulstunde so weiter (es war eine Doppelstunde!!).
Die Schüler beantworteten gerade einmal eine Frage in ihrem Mathe-
buch, hörten jedoch dabei Musik. Zum Schluss wollten alle unsere
"phono". Lotta gab den meisten meine Handynummer doch sie zwei-
felte daran, dass die Schüler die richtige Vorwahl kennen. Sie selbst
gaben uns ihre E-mail Adressen und nach etwas Drängen der Klassen-
lehrerin schrieb Lotta ihre an die Tafel. Als Andenken haben wir versucht
alle Briefe zu sammeln, doch uns entging mindestens die Hälfte.
Am Ende hatten wir nur ca. 20 Zettel ergattert. 10 von ihnen waren
unverständlich, weil die 7. Klasse ein miserables Englisch sprach.

Und jetzt zu den nächsten Klassen.

Hallo hier sind Philipp und Vico:
Bei uns in der Klasse war es auch total laut. Die Kinder waren zwischen
7 und 12 Jahren alt, auf jeden Fall sahen sie so aus, aber es war eine
5. Klasse. Sie hatten Astronomie und wir dachten am Anfang, dass im
Raum ein Teleskop stehen würde und es sehr interessant wird. Doch
dann standen nur ganz langweilige Fragen an der Tafel, zum Beispiel

„Welcher Planet ist neben der Sonne?" und lauter anderes Zeug, dass die Kinder aber sowieso nie beantwortet haben. Der Unterricht war langweilig und die Kinder waren nur an uns interessiert und haben uns ständig auf Spanisch Fragen gestellt. Der Lehrerin war es wohl egal, dass es laut war und sie hat sie nur manchmal ermahnt.

Hallo, hier ist Anton:
Wir verließen das Sekretariat mit einer Lehrerin Namens Sylvia. Sie berichtete uns super stolz wie toll ihre Klasse sei und beteuerte 30 Mal, dass sie nur 38 Kinder in der Klasse habe. Als wir also vorm Schulgebäude ankamen schloss Sylvia die Tür auf und alle Kinder der 5. Klasse versuchten in den Klassenraum zu kommen. Doch ein Junge versperrte den Weg. Er ließ nur Jungen in den Klassenraum und erst nach der 3. Ermahnung der Lehrerin ließ er auch alle anderen herein.

Nach diesem etwas lustigen Auftakt versuchte Sylvia Jakob und mich vorzustellen, was aber im lauten Brüllen des Jungen von vorhin unterging. Sylvia schaute zwar kurz zu ihm auf, tat aber nichts, was uns sehr wunderte. Der besagte Junge ging und rief völlig nach eigenem Belieben durch die ganze Klasse. Die Lehrerin tat nichts, obwohl er ihr dabei noch die Zunge herausstreckte. Der Junge wäre auf einer deutschen Schule wahrscheinlich in dieser einen Stunde schon geflogen. Als der Junge schließlich etwas zu Trinken gegen Hausaufgaben tauschte und die Lehrerin das sah, ohne etwas zu tun, waren Jakob und ich völlig

durcheinander. Wir konnten es uns eigentlich nur so erklären, dass der Vater des Jungen ein sehr einflussreicher Mann ist und die Lehrerin keine Lust hatte etwas gegen seinen Sohn zu sagen. In der Klasse war es sehr, sehr, sehr laut. Die Lehrerin fand das allerdings ganz normal. Wir hatten keine Ahnung wie die Klasse unter diesen Bedingungen irgendetwas lernen konnte. Und das merkte man auch an ihrem Englisch, welches sehr schlecht war. Sie fragten uns zum Beispiel: "Wa do yo komm frumm?" Wir mussten manches dreimal hören bevor wir es verstanden.

Ich kann nach diesem Besuch nur sagen, dass, obwohl ich auch nicht der Allerleiseste bin, wir es in deutschen Schulen wirklich gut haben. Später fuhren wir zum Sandsurfing.

Hallo, hier ist Jakob:
Sandsurfing ist ein Sport, der sich mit Snowboarden vergleichen lässt, nur dass das Ganze auf Sanddünen (dieses mal im „Todestal" Valle del Muerto) stattfindet. Wir mussten aber erst einmal zu den Dünen kommen und fuhren mit einem klapprigen VW-Bus über so holprige Straßen, dass uns allen danach sehr schlecht war. Nun begann der Aufstieg. Der war unglaublich anstrengend, weil wir im Sand einsanken und bestimmt 70 Meter lang steil bergauf laufen mussten. Aber als wir oben waren konnte der Spaß beginnen. Der Lehrer zeigte uns die Sachen, auf die wir achten sollten. Es machte sehr viel Spaß und nach kurzer Zeit konnten wir Kurven fahren. Allerdings mussten wir nach jeder Abfahrt mit den Boards immer wieder nach oben laufen. Aber trotzdem gefiel es allen. Unser Trainer war übrigens der Vizeweltmeister im Springen. Danach fuhren wir ins „Tal des Mondes", Valle de la Luna, wo man den Sonnenuntergang sehr, sehr schön beobachten kann.

8.7.2006, San Pedro de Atacama, bei den Geysiren
Hallo hier ist Lotta!
Als wir erschöpft aber glücklich nach Hause kamen, stand uns leider der

schlechtere Teil des Tages bevor: Wir mussten DUSCHEN! Wir waren zwar alle total versandet, wegen ein paar wagemutigen Saltos (selbst Ibi und Joana hatten ein paar amüsante Purzelbäume hingelegt), doch wir wollten auf keinen Fall eiskalt duschen. Joana fragte die Herbergenleitung und diese sagte, dass sie uns warmes Wasser anstellen würde. Also legten wir die Reihenfolge fest. Jakob sprang zuerst unter die bereits warme Dusche. Doch als er nach 5 Minuten heraus kam, stellte Vico fest, dass das Wasser wieder kalt war. Da Vico jedoch abgehärtet ist, weil er

schon zum 2. mal kalt duschte, machte er kein Geschrei. Danach war
ich an der Reihe. Das Wasser war eis, eiskalt. Erst nachdem ich unter-
kühlt aus der Dusche kam wurde das Wasser für Philipp wieder warm
gemacht (GRRRRRRRRRRRR).

So musste ich mich mit 3 T-Shirts, 2 Kaschmir-Pullover, 1 Baum-
wolljacke, 1 Fliesjacke und einer Regenjacke bekleiden um nicht total
verkühlt in unserem Stammlokal anzukommen. Dort haben wir wieder
superlecker gegessen (wie immer).

Wir müssen jetzt jedoch schnell ins Bett, weil wir morgen ganz
früh aufstehen müssen, um zu den Geysiren zu fahren.

8.7.2006, Das grauenhafte Aufstehen
von Vico und Philipp

Um vier Uhr morgens klopfte Joana an der Tür, und wie immer musste
ich (Vico) aufstehen um die Tür zu öffnen. Sehr warm eingepackt saßen
wir im Auto und fuhren 2 Stunden lang zu den Geysiren wo es ca -15°C
war. Um halb 7 kamen wir dort an und trotz der 8 Schichten, die wir
angezogen hatten, froren wir uns zu Tode.

Die Geysire sind große Bodenlöcher aus denen bis zu
3 Meter hohe Wasserfontänen in die Luft spritzen. Dabei entstehen
bis zu 30 Meter hohe Wasserdampfwolken. Unter der Erde sind unter-
irdische Vulkane, die das Gestein unter dem Wasser erhitzten. Das
Wasser wird 380 Grad Celsius heiß, schießt dann nach oben und kühlt

bis 83 Grad Celsius ab. In den letzten 10 Jahren sind drei Leute
gestorben, weil sie beim Fotografieren in einen Krater hinein gefallen
sind. Sie verbrannten sich am ganzen Körper und konnten dadurch
nicht mehr Atmen.

„Wir gehen planschen!" (Zitat: Lotta)
von Jakob

Nach dieser Kälte freuten wir uns schon alle über das angekündigte
Baden in den heißen Quellen (Puritama), die bis zu 35 Celsius warm
seien sollten. Wir fuhren eineinhalb Stunden, aber das hatte sich
wirklich gelohnt.

Als wir ankamen war kein anderer Mensch dort und wir hatten
acht recht große Wasserbecken für uns. Alle waren super schön, obwohl
es kleine Fischchen und Algen gab. Wir rannten von Becken zu Becken
und bewarfen Vico, der ein wenig hysterisch auf Algen reagiert, mit
Algen. Als er aber sauer wurde, hörten wir natürlich auf. Unser Fahrer
war sehr nett, aber wir hatten den Eindruck, dass es ihm peinlich war
mit uns zusammen schwimmen zu gehen. Er zog sich nämlich sofort
wieder an, als wir ihn im vierten Becken trafen. Kurze Zeit später kamen
dann auch andere Chilenen aus der Umgebung (es war Sonntag) und
die Becken wurden immer voller. Bald war es Zeit für uns zu gehen
und wir kehrten nach San Pedro zurück. Im Innenhof unserer Pension
spielten wir mal wieder Skip-Bo und Fingerkloppe.

9.7.2006, Von San Pedro nach Arica

Wir saßen am Feuer und Silva, einer der Kellner der für das Feuer verantwortlich war, nahm glühende Kohlestückchen und brennende Holzscheite in die Hand, schüttelte sie noch einmal und wartete auf unsere erstaunten Blicke (dabei lachte er etwas dämlich). Aber er konnte ganz super zeichnen und verbrachte Stunden damit unsere Namen in tollen Schriften zu schreiben. Der Typ war ein richtiger Cowboy.

Er trug schwarze Lederstiefel mit riesigen Sporen, die aussahen wie spitze Zahnräder. An seinem linken Ohr trug er einen handteller-großen Ohrring und an jedem Finger zwei fette Silberringe, passend zu seinem Cowboyhut und langen, grauen Gangstermantel. Wir wollten vom Feuer gar nicht weg, weil wir befürchteten, dass es im Nachtbus an die Küste noch kälter werden würde als in unserem Zimmer. Also packten wir uns mindestens vier Pullis ein. Am Bus wurden wir von 2 netten Fahrern begrüßt, die uns mal wieder auf Fußball ansprachen "Alemana buuu", "Balack". Da haben wir sie erstmal verkloppt. Aber dann fuhren wir doch los. Im Bus war es total schön warm, man konnte die Sitze so weit ausklappen, dass es fast wie im Bett war und es gab einen lauten, gruseligen spanischen Horrorfilm (Menschen wurden zu Katzen und fraßen den Direktor der Schule auf und machten dabei ekelige, blutrünstige Geräusche).

Philipp und Lilian schliefen als einzige richtig gut, die anderen behaupteten am Morgen die ganze Nacht keine Minute geschlafen

zu haben. In Arica, an der Küste, liefen wir mit unseren Rollkoffern keuchend zum Hotel. Den Tag verbrachten wir damit uns auf Vicos Geburtstag vorzubereiten. Wir kauften Barbie-Geschenkpapier und rosa Schleifchenbänder, eine Pinata und einen Geburtstagskuchen. Wir dekorierten unser Kinderschlafzimmer mit Luftballons und Girlanden (Vico schlief mit Jakob und Philip im Nebenzimmer) für den Geburtstag.

Hallo Judith, hier ist Vico:
Vielen Dank für die Soyasauce, die Misosuppe (cool!!!!),
die Kekse, Gummibärchen und Lakritze. Wenn es hier das
nächste Mal Hasenohren zu essen gibt, hab ich wenigstens
etwas zu essen! Grüß Tibi und Arthur von mir
und wenn Du ihn siehst auch Juli.
Dein Vico

11.7.2006, Arica

Als ich (Vico) am nächsten Tag aufgeweckt wurde, sangen alle laut „Zum Geburtstag viel Glück" in drei Sprachen. Dann durfte ich in das andere Zimmer gehen, wo alles schön dekoriert war. Ich bekam 5 Bücher, *Harry Potter4* auf PC, eine Hülle für meinen Ipod, ein brasilianisches Wurfspiel, ein *Geolino* Abo, eine Reckstange, einen Gutschein für ein Handy von meinen Großeltern, eine Wolldecke aus Patagonien und Zahnbürsten aus der ganzen Welt (Lilian hat die ganze Reise über gesammelt).

Als wir nach unten zum Frühstück gingen, sahen wir eine große Pinata (ein Pappkarton wo man raufhauen muss damit Süßigkeiten runterfallen). Wir schlugen so lange auf sie ein bis sie aufplatzte und Süßigkeiten und ein Zettel herausfielen.

Der Zettel war der Beginn einer Schatzsuche. Auf ihm stand, dass einer von uns in Arica zum Frisör gehen musste. Die Wahl fiel

auf Anton und er bekam auch wirklich einen guten Haarschnitt, der nur 2 Minuten dauerte. Dann mussten wir zu Ibi und Mami in ein Cafe kommen und bekamen eine neue Aufgabe. Wir mussten herausfinden in welchem Laden auf der Strasse der Verkäufer, wenn wir sagen „Bei der nächsten WM wird Chile Weltmeister" (auf spanisch) uns etwas gibt. Zum Erstaunen von Mami und Ibi gingen Lotta und ich sofort in den richtigen Laden, die Eisdiele, und bekamen jeder 2 Kugeln Eis. Dort bekamen wir auch Geld mit dem wir in ein Spielautomatenladen

gingen. Es gab Autorennen, Airhockey, Boxkämpfe und noch vieles
mehr und ich fand es richtig toll. Dort fanden wir dann auch den letzten
Zettel, auf dem 6 Surfanzüge und 6 Surfbretter gemalt waren.
Das bedeutete: SURFEN GEHEN°!!!

Nach dem Mittagessen trafen wir uns mit 2 Surflehrern und
fuhren an den Strand. Das Wasser war eisig kalt aber es hat richtig
Spaß gemacht (Endergebnis: zwei erfrorene Zehen und eine Leiche).
Am Strand sahen wir auch eine Gruppe von Jugendlichen die
richtig coole Stunts und Rückwertsalto gemacht haben.

*War krank und habe mich noch
gar nicht für den Bogen bedankt.
Ich habe mich sehr sehr gefreut,
VIELEN DANK !!!
Jonas*

*Vico. Deinen Geburtstag holen
wir nach. Ich beneide Euch und
wäre gern bei Euch.
Jonas
10:57 AM, July 24, 2006*

*Über welche Länder bist du
bereits geflogen oder gefahren ?
Sag mal ist das nicht ein bißchen
langweilig so eine Weltreise ?
tschüss dein Claudio !!!*

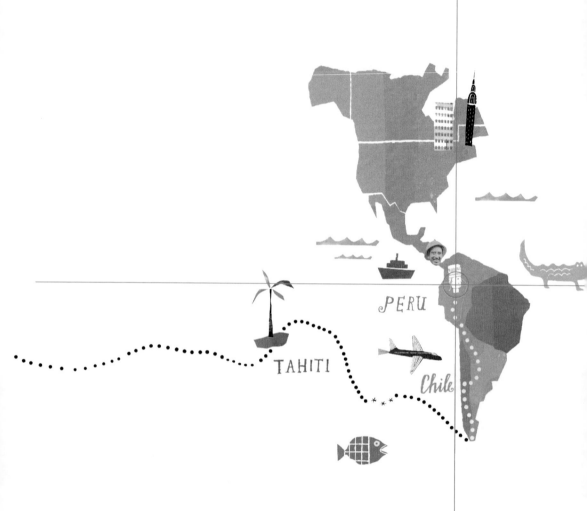

TAHITI

PERU

Chile

You are here!

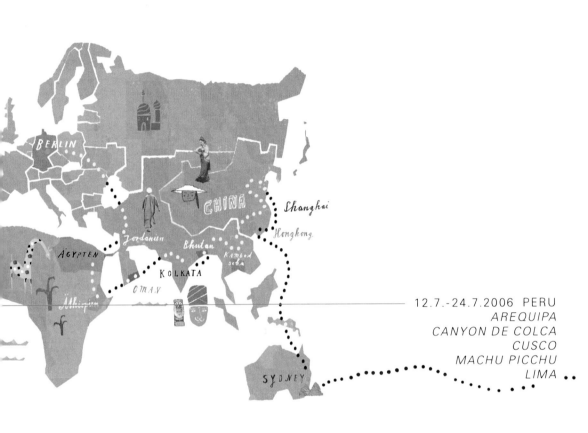

BERLIN

ÄGYPTEN

Jordanien

Bhutan

CHINA

Shanghai

Hongkong

Kambod
scha

KOLKATA

OMAN

SYDNEY

12.7.-24.7.2006 PERU
AREQUIPA
CANYON DE COLCA
CUSCO
MACHU PICCHU
LIMA

12.7.2006, Von Arica nach Arequipa

Um 9 Uhr mussten wir aufstehen um dann mit einem Taxi 1 Stunde über die Grenze nach Peru zu fahren. Die Grenze bestand eigentlich aus zwei Grenzen, man kam an der einen an, um aus Chile herauszukommen und fuhr dann 5 Minuten zur zweiten Grenze, wo man kontrolliert wurde bevor man nach Peru herein durfte. Als wir wieder einmal alle Zettel und Papiere zusammengesammelt hatten, warteten wir darauf, dass der etwas stinkig guckende Herr die Einreisestempel verteilte. Bei Lille und Vico musste er total lange blättern bis er eine freie Seite gefunden hatte. Wir fuhren zum Busbahnhof und stiegen in den Bus nach Tacna ein.

Jakob ist dran: Wir waren eigentlich froh über den „Luxus", den man in Peru bei Bussen nicht wirklich erwarten kann, denn wir konnten unsere Sitze sehr weit nach hinten lehnen. Dafür hatte man überhaupt keinen Platz um die Beine auszustrecken. Wir mussten nämlich schon wieder 7 Stunden fahren. Auf der Reise hörten wir *Eragon* (Lilles und Vicos Lieblingsbuch) usw. Außerdem stellten uns Joana und Mama vor die „tolle Aussicht" in drei Tagen wieder 12 Stunden Bus zu fahren. Wir müssen nämlich von Arequipa nach Cusco (der alten Hauptstadt der Inka) kommen. Sonst verlief die Reise erträglich. Als wir in Arequipa ankamen ermahnte uns Joana zuerst, dass wir nun besser auf unser Gepäck aufpassen mussten, weil es hier bekannt für Diebstähle ist. Wir fuhren mit zwei Taxis in unser Hotel, dass wir sehr gern mögen. Die Fahrt kostete für zwanzig Minuten 1 Euro 50. In Peru verdient mehr

als die Hälfte der Bevölkerung weniger als zwei Dollar am Tag, das heißt, dass 50% der Bevölkerung unterhalb der Armutsgrenze leben. Neben der Stadt erstrecken sich drei riesige Vulkane. Sie sind um die 6000 Meter hoch. Das Auswärtige Amt hat uns bereits gewarnt, dass einer von ihnen, El Misti, zur Zeit sehr aktiv ist und jederzeit ausbrechen kann (keine Panik Opa!!). Anton ist ein bisschen krank und hat deshalb die meiste Zeit lesend am Pool verbracht, während wir uns viel angesehen haben (die Eismumie Juanita, die Plaza de Armas, die Markthalle, die

Klosterstadt Santa Catalina, in der früher mal jede Nonne vier Diener-
innen hatte). Anton ist wieder gesund und ich sitze gerade mit den
betrunkenen Müttern (Pisco Sour) in einem Restaurante. Also kann es
morgen mit Kopfschmerzen in den Colca Canyon gehen. Es gibt hier fast
nur Taxis und an jeder Ecke stehen Polizisten und wir müssen sehr oft
unsere Pässe zeigen. Wir sind jetzt müde und gehen ins Bett.

Peru: Arequipa, Canyon de Colca und Cusco
*Jetzt kommen Lilian, Lotta und Jakob: **Let us pray***
While we were sitting in the garden, reading a book, Joana came and
asked us to visit a monastery near by. So Ibi, Joana, I, I and I went to the
Santa Catalina monastery full of expectation. First we bought the tickets,
pretty expensive tickets, and passed through the gate into the monastery.
The monastery was founded in the 16. Century by a rich Spanish widow.
Originally the monastery was inhabited by women who came from rich
families. While we walked through the monastery we were surprised to
see that, although the nuns were from rich families, the rooms were not
very comfortable. There was a small bed with a thin straw mattress
(to discover this Jakob had to jump over the fence (50 cm!)), a table
with two chairs and an altar with a simple cross. In the *Lonely Planet*
we read that the nuns had 4 servants each and lived it up in style. The
monastery was huge, like a small city within the city. As we walked
through the streets we discovered that the rooms got nicer and nicer

in every century. We were really disappointed because all the stairs
which led onto the roofs of the monastery were closed with a gate.
We tried to climb the walls, but then the paint came off and Lilians
trousers were blue. This gave us the great idea to rub our faces, forehead
and cheeks against the coloured walls, so that we had a red spot on the
forehead and blue stripes on the cheeks. This was now our trademark.
In the monastery was a huge kitchen which smelled of urine. In the
19. Century the pope sent a nun to Santa Calatina who rescued all

the servants and in 1970 the Major of Arequipa ordered the monastery to open its doors to everyone. The remaining 30 nuns live in a closed part of the monastery and we couldn't see them.

*Hier sind Vico und Philipp über **Juanita the ice mummy:***
We went into a museum which was about the human sacrifices of the Incas. When something bad happened during Inca times, like an earthquake, a drought or a volcano eruption, they sacrificed young children to the gods on high mountains. This was very unusal because most cultures believe that the gods live in the mountains but shouldn't be disturbed. So nobody in China or the Himalayas would climb a mountain. The children that were sacrificed were not just any children, but taught in a temple in Cusco. They had many privileges and knew that they would one day be sacrificed. For them it was an honour to be offered to the gods. The child, a priest and some others climbed the mountain which was over 6000 meters high, which must have been very difficult because they only had sandals made out of straw and wool. To get up the mountain they chewed coca leaves and carried sacrifices and food for the afterlife of the children. They were given alcohol, asked to kneel down and then the priest took a heavy object and cracked the childrens skull. They were buried under the earth together with golden, copper and silver figures. The silver represented the moon or the earth, the gold the sun. The children were also given

textiles which were designed with squares and triangles. The triangles stood for the sky (realm of the gods), the earth (humans) and the underworld. Each one was given an animal: for the sky they had the condor, for the earth the puma and for the underworld the snake. The square stood for the North, East, South and West.
Altogether 18 children mummies have been found from Inca times, some in Chile, others in Peru. Juanita is the most famous, because she was found in a very good condition. She was kept in ice on top of the

mountain where there was -20 degrees. She was found because the neighbouring volcano erupted and the ice which conserved her melted. In 1995 an American archaeologist climbed on the mountain and found her. They carried her quickly to the next village where they put her in a freezer. Then they x-rayed her in an American university, but now she is in the museum in Arequipa. She is kept in ice under the same conditions as on the mountain and we could still see her red skin.

We liked the ice mummy, but many people here think it is not good to have the ice mummy in a museum, because when she was removed from the mountain many bad things happened in Arequipa. There were many car accidents and an electricity pole fell down and killed 37 people. They think she should still be on the mountain top.

15.7.2006, Canyon de Colca
Auf Droge!!!! - Die schreckliche aber wahre Geschichte
der geheimnisvollen Cocablätter

Am Morgen mussten wir schnell packen, wobei schon die ersten Probleme aufkamen. Denn wir hatten nur einen kleinen Rucksack und viele, viele Sachen die wir mitnehmen mussten. Als wir endlich erschöpft am Frühstückstisch ankamen wurde uns mitgeteilt, dass unser Fahrer und Führer schon auf uns warteten. Wir deponierten unser restliches Gepäck in der Bibliothek des Hotels und setzten uns in unseren großzügigen Kleinbus. Unser Guide, Marita, erzählte uns

ein paar Geschichten und dann hielt der Wagen an und so, in einem kleinen Supermarkt, sollte unsere Drogenkarriere beginnen. Wir kauften 3 Tüten Cocablätter (aus denen Kokain gemacht wird. Aus 25 kg Blättern kann man 1 kg Kokain gewinnen), dass aber von den peruanischen Indios schon seit Jahrtausenden als gutes Mittel gegen Höhenkrankheit, Hunger und Kälte gekaut wird. Marita erklärte, dass wir uns zur Vorbereitung auf die Höhe (4910m) zudröhnen, d.h. jede Menge Cocablätter kauen müssten. Wir wickelten ein erbsengroßes Stücke Quinoaasche

in 10 Cocablätter und steckten sie schnell in den Mund, kauten 10 mal
kräftig und verbannten den Knäuel für die nächste halbe Stunde in die
Wange. Das ganze machten wir natürlich nur um nicht höhenkrank zu
werden (ohne Coca hätten wir eine 70% Chance einen Tag durchzukotzen.
Mit Coca nur 5%).

Hier unsere individuellen Erfahrungsberichte:
Anton: verzog nur das Gesicht, schrie nach 5 Minuten laut auf:
„Ich halt das nicht aus!" kämpfte sich zum Fenster durch und spuckte
den Coca-Sabberknäuel auf die Landstrasse.
Vico sagte nur: „Es schmeckt nach Matetee, es schmeckt nach Matetee!",
wobei *Joana,* das Gesicht schmerzverzerrt, ihm freudig zustimmte:
„Stimmt Vico!"
Ibi gab uns gute Tipps und sagte „Ihr müsst schlucken und das Knäuel
einfach vergessen."
Jakob meinte, es schmecke zwar ekelhaft aber die Stimmung sei gut.
Lille war völlig in ihr Buch vertieft und gab zwischendurch nur zum
Besten: „Meine Backe ist taub, meine Backe ist taub."
Philipp wippte zu Vicos Ipod und meinte „Wenn man mitsingt,
merkt man gar nichts."
Lotta kuckte nur starr aus dem Fenster, mit geekeltem Gesicht,
weil die Cocablätter so „ekelig, bitter und ranzig" schmeckten.
Kurz: wir waren alle kurz vorm Kotzen. Und dabei war das nur der erste
Gang. Wir mussten die Blätter alle 30 Minuten erneuern. Da kamen wir

endlich auf die wunderbare, rettende Idee einen Pfefferminzbonbon
parallel zu lutschen.
Auf 4910 Metern angekommen (so hoch waren wir noch nie in unserem
Leben) konnten wir das ekelige Zeug endlich ausspucken und vergessen.
Wir durften aber nur 10 Minuten dort oben bleiben und opferten 3 Coca-
blätter unter einem Steinhaufen. Joana wurde hier fast schwindelig.
Auf dem Weg nach unten sahen wir viele Vicunas, Lamas und Alpakas.
An einem großen Eisbach machte Jakob einen kleinen Abgang und läuft

seitdem mit einem nassen Turnschuh durch die Gegend. An einer Haltestelle kauften wir für Lotta, Vico und Philipp Alpakapullover und Ponchos
und tranken noch mehr Cocatee. Die restlichen Blätter gaben wir einem
herumstreunenden zahmen Lama.

Jetzt sind wir in einem kleinen Dorf. In dem Hotel dort gab es ein
köstliches Buffet und dann machten wir einen Spaziergang. Im Nachbar-
haus hat gerade die Tochter des Bürgermeisters geheiratet und sie feiern
immer noch. Hier im Hotel laufen die Lamas frei herum (Anton schämt
sich, weil er meint, dass klänge so, als wenn wir im Jesusstall leben,
dabei sind wir doch hier im Kernland der Inkas). Gechillt gingen wir den
Berg hinauf, begegneten vielen schön geschmückten Hochzeitsgästen,
einer betrunkenen Dorfbewohnerin und ein paar Eselhirten (die Esel
mussten wir in ihr Gehege zurücktreiben).

Zum Schluss noch etwas über die Nachwirkungen von Coca:
Anton zieht Grimassen.
Lotta singt „Auf der Wiese steht ne Kuh, Halleluja, macht ihr A... auf und
zu, Halleluja, auf der Wiese steht ein Schwein, H., schaut der Kuh in A...
rein, H., sagt die Kuh „Du dummes Schwein" H., schau mir nicht in A...
hinein, H., sagt das Schwein: Du dumme Kuh, H., Mach Dein A... einfach
zu, Halleluja. Und die Moral von der Geschicht: in fremde Löcher schaut
man nicht." (das ist von Till, ihrem kleinen Bruder. Aber auch der große
Bruder übt einen positiven Einfluss auf sie aus, denn sie kann viele
Ballermann-Lieder (MamamaMallorca, die Insel aller Inseln).

*Die wahre aber schreckliche
Geschichte ueber die Cocablaetter klingt unglaublich. Ich
verfolge eure Reise mit viel
Spass und muss nun zugeben,
dass ich dieses Erlebnis nicht
unbedingt mit euch haette teilen
wollen - der Geschmack der
Cocablaetter muss ja wirklich
grauenvoll gewesen sein. Aber
es scheint ja, als haette euch das
Erlebnis auf knapp 5000 m
Hoehe dafuer entschaedigt.
Viele liebe Gruesse aus Moskau
Eure Cosima*

Jakob singt, dass er ein Zottelbär ist.
Philipp will die ganze Zeit bei der Keuchhusten-AG anrufen
(der kleine Nils).
Vico liest nonstop sein Buch und ist äußerst aggressiv,
wenn man ihn dabei stört.
Ibi und Joana trinken ihren Wein (wie jeden Abend) und sagen: „Ihr
müsst doch schreiben, dass das hier eine irre tolle Landschaft ist!!"
Lilian zieht Antons Grimassen nach und hängt vor Lachen unterm Tisch.

Wir sind doch eine echt nette Runde.

Hallo hier sind Jakob, Lille, Anton und Lotta
Blut, Schrei und Inca Kola
Als wir nach einer kleinen Wanderung ins Hotel zurückkamen, wollten wir unbedingt die einheimische Cola (Inca Kola) ausprobieren. Ibi und Joana warnten uns zwar vorher, weil wir diese Kola schon bei unseren zahlreichen Busfahrten angeboten bekommen hatten. Wir wollten Fingerkloppe spielen. (Fingerkloppe ist ein Spiel, bei dem man seine Reflexe übt. Derjenige, der am Langsamsten ist bekommt, wie der Name schon sagt, Fingerkloppe). Wir erweiterten die Strafe, indem wir statt vier Runden Kloppe nur zwei verhängten, aber dafür einen Schluck Inca Kola trinken mussten. Uns alle erwischte es mindestens einmal. Jakob hatte wenig Glück, er kam häufig dran. Aber Philipp war der Pechvogel des Abends. Anton erklärte uns noch wie man am besten kneifen konnte. Lotta verlor zwar erst zum zweiten Mal doch der Kartenhaufen meinte es nicht gut mit ihr. Philipp probierte Antons Technik gleich aus. Ein paar folgende Ratscher und Lottas Hand blutete (nicht so stark). Wir gingen zum Essen und danach schrieben wir noch ein bisschen. Nach der Mahlzeit wollten wir uns die laute Feier von nebenan anschauen. Die Tochter des Bürgermeisters hatte nämlich geheiratet. Wir tanzten wild mit den schon etwas angeheiterten Bürgern. Ein alter Herr wollte Lotta und Jakob ein Getränk anbieten, doch eine kleine Frau kam ihm zuvor und

kippte das alkoholische Getränk selbst runter. Als wir uns wieder an den Kamin setzten, spielten wir noch den Rest Fingerkloppe zuende. Leider übertrieb es Anton ein wenig und Philipp schrie vor Schmerz auf. Die Erwachsenen, die daneben lasen, sprangen auf und kümmerten sich um den Verletzten, der sich auf der Bank wand. Anton hat den Schlag am Ende zurückbekommen, was er aber O.K. fand.

KLO und Batwoman
Hallo hier ist Lotta

Ich ging mit den anderen in unsere Zimmer. Lille, Jakob und ich waren
in einem Raum, Anton, Philipp und Vico in dem anderen. Wir wollten uns
zum Schlafen fertig machen, auch wenn wir nicht glaubten einschlafen
zu können, denn die Party nebenan war irre laut. Lille und Jakob gingen
aufs Klo und als ich an der Reihe war standen die beiden diskutierend am
Waschbecken. Ich hörte ein seltsames Geräusch, das aus der Toilette kam.
Ich schrie laut auf als ich sah, dass viel Wasser aus dem W.C. sprudelte.
Jakob rannte durch die Pfütze ans Klo doch wir konnten nichts tun.
Lille holte schnell Joana und auch Ibi kam angerannt und sprang
(wie Batman) heldenhaft über die Pfütze die das Bad jetzt vollkommen
überflutete. Sie fasste in das Toilettenwasser und drückte schnell den
Stöpsel runter. Sofort stoppte der Wasserstrom. Wir holten den Haus-
meister, der das Wasser aufwischte und gingen ins Bett, wobei wir
hofften ein bisschen Schlaf zu finden. (Die Party war im vollem Gange).

Hallo hier ist Jakob
Die größten Vögel der Welt:
Kondore (mit einer Spannweite von 3,50 m)
Nach dieser sehr durchwachsenden Nacht mussten wir nun mal wieder
sehr früh aufstehen. Um 5 Uhr fuhren wir 2 Stunden zum Cruz del Condor.
Auf dem Weg besuchten wir noch ein Grab der alten Inka. Die Gräber

lagen 30m über dem Boden in einem Fels, so dass sie gut geschützt
waren. Sie nahmen die Gedärme des Toten aus dem Körper und stopften
ihn mit Gras aus. Dann setzten sie ihr eigenes Leben aufs Spiel, indem
sie mit dünnen Seilen an diesen steilen Wänden hochkletterten, Löcher
in den Fels schlugen, die Toten ins Loch verfrachteten und es schlossen.
          Als wir am Cruz del Condor ankamen war noch nichts los. Wir
sahen viele große Vögel und Joana hielt alle für Kondore, was sie
aber nicht waren. So saßen wir dort 2 Stunden rum. Gerade wollten

wir mit enttäuschten Gesichtern wegfahren, als Gott sei Dank zwei von uns noch auf die Toilette mußten. Als sie gerade wieder kamen, wir enttäuscht über den Reinfall redeten und unser Fahrer den Motor angelassen hatte, kam Marita und rief schon von weitem: „Kondore, Kondore!!!".

Wir stürzten zurück auf den Ausguck und dort waren sie. Sie stürzten sich durch die Luft und sahen unglaublich elegant und groß aus. Die Kondore flogen 7m über uns herum. Es war ein toller Anblick und plötzlich lohnte sich das ganze Warten. Außerdem gab Joana zu, dass die kleineren Adler, die wir vorher gesehen hatten, keine weiblichen Kondore waren. Wir schossen über 50 Bilder. Auf einem Stein setzten sich drei von ca. 8 hin. Ich rannte mit Lottas Kamera nach oben zum Stein und konnte sie von dort aus 4 m Entfernung fotografieren. Nachdem wir noch ein bisschen gestaunt hatten, setzten wir uns, glücklich, dass wir sie doch noch so gut sehen konnten, ins Auto. Wir fuhren zu einem Dorf, in dem gerade ein jährliches Fest zur Ehren einer Madonna statt-fand. Auf der fünfstündigen Rückfahrt nach Arequipa schliefen wir noch ein bisschen.

Am selben Abend fuhren wir dann nochmals 12 Stunden in einem öffentlichen Bus nach Cusco, der alten Hauptstadt des Inkareiches.

17.7.2006, Cusco

Als wir um 5 Uhr morgens erschöpft in Cusco ankamen, legten wir uns im Hotel erstmal gleich hin und schliefen 4 weitere Stunden. Als nächstes besorgten wir die Bahntickets für den Zug nach Aguas Calientes, von wo aus wir übermorgen nach Machu Picchu wandern wollen. Das dauerte 2 Stunden. Wir aßen in einem Cafe und gingen dann zu einem großem Markt, wo es ganz viele verschiedene peruanische Waren zu niedrigen Preisen gab. Wir kauften viele, viele Sachen und insbesondere Lotta und Jakob handelten geschickt. (Da wir manches verschenken wollen, verraten wir nicht, was wir kauften, nur Philipp und Vico kamen wie Indios gekleidet aus dem Markt heraus. Philipp kaufte 5 Sachen (Hose, Haarband, Mütze, T-Shirt, Armbänder) für insgesamt unter 10 Euro (Zitat Lotta: billich, will ich).

18.7.2006, Cusco

Gleich müssen wir mal wieder in eine Schule. Bestimmt wird es nicht so lustig wie in San Pedro.

Hallo hier ist Lilian

Die Schule ist in einem schönen blau-weißen Gebäude mitten in Cusco. Für eine Schule war das ganze schon fast ein bisschen zu ästhetisch. Alle Klassenzimmer gingen von einem großen Innenhof aus und die Gänge waren mit Wandmalereien (von Schülern) verziert.

Wir gingen zum Direktor, der nicht vorhanden war. Also sprachen wir mit dem miesepetrigen Stellvertreter. Zu erst wollte er uns nicht helfen, obwohl Joana und Ibi unseren Besuch vorher abgesprochen hatten, doch dann holte er einen Stundenplan heraus und sagte, dass wir an der letzten Stunde (in 25 Minuten) teilnehmen dürfen. So gingen wir erstmal nach hinten auf den Sportplatz, der gleichzeitig auch als Pausenhof diente. Weil Ibi Sportlehrerin ist, war sie sehr interessiert und wechselte sich viel mit dem Sportlehrer der Einheimischen aus.

Als wir gerade gehen wollten, stoppten uns drei Schülerinnen und fragten ob Ibi ein bisschen gymnastische Übungen mit ihnen machen könnte. Also stellte Ibi alle 30 Schülerinnen im Kreis auf, aber diese Ordnungsform war ihnen anscheinend nicht bekannt und so dauerte es ein wenig. Offensichtlich waren die Kinder es nur gewöhnt sich in Blöcken und Reihen zu bewegen. Nach der Hälfte der Unterrichtsstunde verschwand der Lehrer und die Mädchen beschäftigten sich bis zum Ende mit Fußball und Volleyball. Wie bei uns aber auch saßen einige Schülerinnen einfach nur am Rand und unterhielten sich. Auf dem Sportfeld gab es, wie fast in allen Ländern, in denen wir waren, keine Sportgeräte, gerade mal ein paar Tore und Bälle.

Als wir wieder zum Direktorenzimmer gingen liefen wir an Klassenzimmern vorbei, in denen die Schüler laut aufjaulten, als sie uns sahen. Wir gingen alle zusammen in eine Klasse, die erste der Oberschule. In dieser Schule werden vormittags die Grundschüler unterrichtet (Mädchen und Jungen gemischt) und nachmittags die Oberschüler (getrennt). Abends gibt es Unterricht für Erwachsene. Wir machten den Fehler und sagten, wir seien in der 7. Klasse der Oberschule, obwohl wir nach dem peruanischen System in der 1. (Philipp), 2. (Anton, Jakob, Lilian) oder 3. (Lotta) Klasse wären und Vico noch in der letzten Grundschulklasse. Wir nahmen am Matheunterricht teil und wurden öfters nach vorne gebeten um leichte Aufgaben zu lösen $(+8)+(-2)=?$ Wir konnten alles ohne Fehler lösen. Da in der Klasse nur Mädchen

waren, lief der Unterricht sehr ruhig ab und der Lehrer hatte alles gut unter Kontrolle (ganz anders als in San Pedro). Der Lehrer ermahnte seine Schüler immer, alles was auf der Tafel stand mitzuschreiben. Der Lehrer machte eine Heftkontrolle bei allen und stempelte die Hefte mit einem Datumsstempel. Abends organisierten wir für Ibi und Joana eine Show und verkleideten uns als „Deutschlands next Top-Modell".

19.7.2006 von Cusco nach Machu Picchu

Hallo hier sind Lotta und Lille.

Die Oma auf dem Schoß

Am morgen mussten wir mal wieder um 5 Uhr aufstehen, um einen
Bus und dann den Zug nach Aqua Calientes zu kriegen. Joana (Mama)
warnte uns schon, dass wir in einem überfüllten, lokalen Bus fahren
würden und dass das wahrscheinlich mit einer Oma auf dem Schoß
enden würde. Wir glaubten ihr jedoch nicht. So fuhren wir mit dem Taxi
los zur Bushaltestelle und stiegen in den noch ziemlich leeren Bus ein.

Das änderte sich aber in Windeile. Philipp und Vico und Lille und
Lotta (ich und ich) saßen zusammen, der Rest einzeln. Wir fuhren ein
wenig und dann hielten wir abrupt an. Zuerst dachten wir, wir wären da,
aber das konnte eigentlich nicht sein, weil wir erst 10 Minuten gefahren
waren. Wir hofften schon, daß Leute aussteigen würden, doch daraus
wurde leider nichts. Es stiegen nur noch mehr Leute ein. Wir waren erst
erleichtert, dass es nur 2 ältere Damen waren, die sich in den Gang
stellten. Der Busfahrer wollte schon weiter fahren, da rannte uns eine
Gruppe Schulkinder entgegen und zwängte sich auch noch in den Bus.
Lille (ich) schlief nach wenigen Minuten ein. Doch ich konnte nicht gut
schlafen, weil eine der Omas, die etwas streng roch, sich stark über mich
lehnte. Die gleiche Frau, mit dem Strohhut, hatte anscheinend eine
Erkältung, auf jeden Fall hatte ich nach wenigen Minuten eine feuchte
Wange weil sie mich ununterbrochen anhustete. Der Mann vor mir ver-

suchte den Stuhl andauernd nach hinten zu biegen. Er haute ihn mit
voller Wucht gegen meine Knie und wiederholte dies mindestens 10 mal.

Als ich mich zu Lotta umdrehte, sah ich folgendes: Sie hatte
2 Schulmädchen auf dem Schoß und 3 weitere um sich herum stehen.
Lotta musste sich ganz klein machen um nicht völlig zerquetscht zu
werden. Ich schaute mich zu den Anderen um (was schwer war, denn
der ganze Bus war übervoll. Ich konnte nur Ibi sehen und der erging
es nicht besser, denn sie hatte wirklich eine Oma auf dem Schoß.

In Urumbamba angekommen stiegen wir in ein Collectivo um und
fuhren ebenso voll beladen nach Ollantaytambo weiter. Hier hatten
wir zwar jeder einen Sitzplatz, aber Vico musste fast kotzen und Anton
hielt sich die ganze Fahrt über die Nase zu. Danach fuhren wir noch
2 Stunden mit einem Zug weiter nach Machu Picchu Village.

   In Machu Picchu wohnten wir in einem Studentenhotel. Ibi und
Joana fanden den Ort ziemlich blöde, weil er eigentlich nur aus Souvenir-
ständen, Restaurants und Hostals bestand. Wir fanden ihn aber toll, weil
wir den ganzen Tag im Hotel Dart spielen konnten. Lotta und Lille lagen
weit vorn. Auf jeden Fall wollten wir nicht mit auf Ibis Wanderung, zum
Schluss gingen wir dann aber doch alle mit und liefen 3 Stunden auf den
Eisenbahnschienen entlang in ein schönes Tal mit lauter Bananenstauden bis zu einem kleinen (enttäuschenden) Wasserfall. Auf dem
Rückweg wurde es stockdunkel und wir erzählten uns grauenhafte
Geschichten über das Schicksal von Philipp und Vico (die mit Joana
vorausgegangen waren).

20.7.2006, Machu Picchu
Auf dem Machu Picchu (dem bekanntesten Berg Perus)
Hallo hier ist Jakob
Wir mussten heute um 5.30 Uhr aufstehen um auf den Machu Picchu
zu steigen. Damit wir aufstehen, schmierte uns Joana erst einmal mit
einem nassen Waschlappen im Gesicht herum. Als wir uns endlich

gerekelt und gestreckt hatten, waren wir fertig um uns anzuziehen.
Das dauerte weitere 30 Minuten. Joana bekam „die Krise" (Papa) weil
sie als Erste auf dem Berg sein wollte. „Damit nicht alles so voll ist!" Also
gingen wir los. Viele Leute fuhren Bus, weil sie zu faul waren den ganzen,
8 Kilometer langen Weg, nach ganz oben auf den Berg zu steigen. Es
waren ca. 4000 Stufen (grobe Schätzung von mir). Nach einem Kilometer
rannten uns Joana, Vico und Philipp davon, weil sie meinten, dass wir zu
langsam wären. Dabei wollten wir doch nur „CHILLEN". Also gingen wir

ruhig weiter. Wir redeten über viele, verschiedene Sachen. Dann trennte sich Anton von uns, weil er sich morgens sehr warm angezogen hatte. Es wurde ihm nun zu steil. Später trennten wir uns von Mama, weil wir „Gas" geben wollten. Ich kam als Erstes oben an, weil Lille umgeknickt war und ich mit ihr schneller als Lotta und Mama gegangen war. Sie wartete also noch auf Lotta, kam aber dann 5 Minuten nach mir wieder gesund mit ihr nach oben. Wir warteten noch 15 Minuten auf Mama, die Anton wieder getroffen hatte, weil er sich ein paar Sachen abgelegt hatte und dann schneller war.

Hello, here is Vico:
When we finally reached the top we saw all the big mountains in front of us and a whole lot of ruins that were built by the Incas. I was really hungry and every five minutes we had to stop because it was so high and my legs ached. The temples and houses were build neatly out of stone. There was a sun temple and every Summer- and Wintersonnenwende the sun shines directly through the windows. Sun temple is not the real name, it is just a name that was made up later. Machu Picchu was discovered 1911 by an American historian called Hingram Bingham and nobody really knows what it was used for. One theory is that it was the winter palace of the Inca (the ruler of the Inca), when in Cusco the weather was too cold. There were lamas climbing the many terraces and one man was run over by a wild lama that was fighting with another

lama over a woman. I don't think the stone houses really looked very Inca-like, because in Cusco the walls were built really neatly and fitted perfectly on top of each other, so that they didn't have to use any cement. When the explorers came to Machu Picchu they found everything in a mess so they just used any stones to rebuilt the houses. Machu Picchu means "old mountain" and the word "picchu" also means the "little ball of coca leaves inside the cheek".

The Incas used a very good irrigation system, so that when enemies attacked they could easily flood the whole valley where the Spanish waited. They also had a very good messenger system. Every 10 kilometres there was a hut where 2 or 3 people lived. If someone attacked in Lima the messenger there would run to the next hut and so on. Like this they could sent a message in 24 hours 400 kilometres away. If they did not have enough time they used smoke signals. Although they didn't know what was wrong, they sent an army anyway into the direction of the smoke.

Then we went to the hot springs (aguas calientes). They looked like swimmingpools with tiles on the sides. But the floor was sand and the water was heated naturally. There was one pool which was 40 degrees Celsius, others were lukewarm and one was really cold. We always went from the lukewarm into the very cold. Me and Lilian stayed in the icewater for 60 seconds.

23.7.2006, Lima
Knochen Mandalas
von Vico
Endlich. Eine Badewanne mit heißem Wasser! Schon seit einem Monat haben wir auf diesen Moment gewartet. Die Freude wurde aber gleich wieder getilgt denn wir mussten unbedingt auf die Plaza de Armas (Platz der Waffen) und uns eine Kirche und ein Museum anzuschauen.

Lima ist ziemlich hässlich. Der Putz bröckelt von den Häusern und überall liegt Müll herum. Die Sonne ist den ganzen Tag über nicht zu sehen wegen den ganzen Abgasen. Das Einzige was an dem Museum ganz lustig war, waren die Knochen von 70.000 Menschen in unterirdischen Gräbern (passend zu meiner Stimmung). In einem der Graben waren die Knochen sogar zu einem richtigen Mandala geformt (Kopf, Knochen, Kopf, Knochen, Kopf, Knochen............)

Mittags gingen wir in ein nettes Cafe am Meer, wo das Essen
himmlisch schmeckte. Neben dem Cafe konnte man Bungee-Jumping
(mit Trampolin) machen und jeder durfte drei Minuten Ich schaffte
2 einhalb rückwärts Salti, Lilian auch, Philip, Anton und Lotta einen
und Jakob keinen.

Den Nachmittag verbrachten wir mit schwimmen und Fitness-
geräte ausprobieren im Hotel. Dann fuhren wir mit Taxis (sie sind hier
sehr billig. Nur die vorm Hotel kosten 3 mal so viel wie die, die wir auf
der Strasse anhalten) zu einem Restaurant von Nonnen eines Klosters.
Das Geld, dass sie verdienen, wird für gute Zwecke ausgegeben, wie
Kinderhilfswerke und Medizin für arme Familien. Wir klingelten an einem
großen alten Haus und eine fröhliche Nonne begrüßte uns auf Deutsch,
Spanisch, Englisch und Französisch. Sie war ziemlich alt und lächelte
die ganze Zeit. Im Haus roch es ein wenig streng, aber das Essen hat
mir gut geschmeckt. Um 9 Uhr sangen die Nonnen im Chor ein Lied,
Ave Maria. Wir waren dann aber so müde, dass wir fast am Tisch
eingeschlafen wären. (Wir waren morgens mal wieder um 5:30 Uhr
aufgestanden, denn die billigsten Flüge sind immer früh morgens.)

24.7.2006, Lima
Das 2:3 Deutschland gegen Peru und die gestohlene Kochbanane
von Vico

Nach dem Aufstehen frühstückten wir bei Starbucks und stiegen anschließend in einen lokalen Bus. Nach einer Stunde kamen wir in Villa El Salvador, einem Slum von Lima, an. Wir sind dort hingefahren, weil wir sehen wollten wie die Leute dort leben und weil wir in unserer Children For a Better World Gruppe Kindern aus solchen Vierteln helfen wollen. Zuerst gingen wir durch einen Markt, wo es überall Lebensmittel, Berge toter Hühner und raubkopierte CDs gab. Wir kauften Kokosnüsse, Popcorn und Churros und nahmen dann ein Tuktuk dass uns zum Fuße eines Berges brachte. Die Häuser dort waren Bretterbuden ohne fließend Wasser und Elektrizität. Wir gingen eine Treppe den Berg hoch bis wir an einen kleinen Fußballplatz kamen, wo 2 kleine Kinder Fußball spielten. Wir fragten ob wir mitspielen durften und kurz danach kamen 6 größere Kinder und dann spielte Deutschland gegen Peru. Wir verloren 2:3, aber die Kinder waren älter und hatten auch 2 Spieler mehr.

Schade, dass wir euch keine Fotos zeigen können, aber wenn wir einen Fotoapparat mitgenommen hätten, hätte es sowieso nichts gebracht, denn 2 Minuten später kamen von hinten 2 Jugendliche, schmissen meine Mutter auf den Boden und rissen ihr den Rucksack weg. Ich sah nur Staub aufwirbeln, hörte Schreie und sah einen der Jugendlichen mit dem Rucksack in der Hand den Berg hochrennen.

Hallo Ihr Lieben, verfolgen eure spannende Reise. Ist ja besser als jeder Krimi. The Eberlein family. 12:58 PM, July 24, 2006

Ibi schrie und Lotta wollte mit ihrem Pullover auf die Diebe losgehen und auch Lille rannte ihnen hinterher, kam aber gleich wieder zurück. Der geklaute Rucksack war nicht ganz so schlimm (wir hatten ihn vor der Reise von Uwe, der unsere Flüge gebucht hat, geschenkt bekommen), denn wenn sie den Rucksack öffnen würden, würden sie nur eine zerquetschte Kochbanane, einen Lonely Planet über Peru, eine Zahnbürste die meine Mutter auf dem Markt neu gekauft hatte, eine Flasche Mineralwasser, ein paar Popkornkörner und einen halben Churro finden.

Wir hatten schon gehört, dass der Slum ein bisschen gefährlich war und Mama hatte alles Geld und Schmuck im Hotel gelassen. Das einzige was wir vermissten war ein Tuch, was wir in Ägypten gekauft hatten.

Im Bus zurück in die Stadt erzählte jeder 20 mal was er gesehen hatte und alle waren eigentlich guter Stimmung. Im Moment sitzen wir alleine auf dem Bett unseres Hotels, denn Ibi, Anton, Jakob, Philipp und Lotta sind vor einer Stunde abgereist. Heute nacht fliegen wir nach Brasilien, wo wir Juli und Flori treffen werden.

(For those who don't speak German here is a short version of this story: We played football with children in a slum and my mother was robbed in front of our eyes.)

Vico! Du bekommst den Preis für die beste englische Kurzform. Schön, dass es dann doch gut gegangen ist.
Küsse für Euch alle von Papa
1:28 PM, July 24, 2006

hier ist philipp: ich kann ja schwer ein komMentar geben, ich war ja dabei, aber ich hoffe euch geht es gut in Brasilien. Bin schon wieder zu Hause (gääääähn) wirklich langweilig
4:25 AM, July 25, 2006

PERU

TAHITI

Chile

Brasilien

You are here!

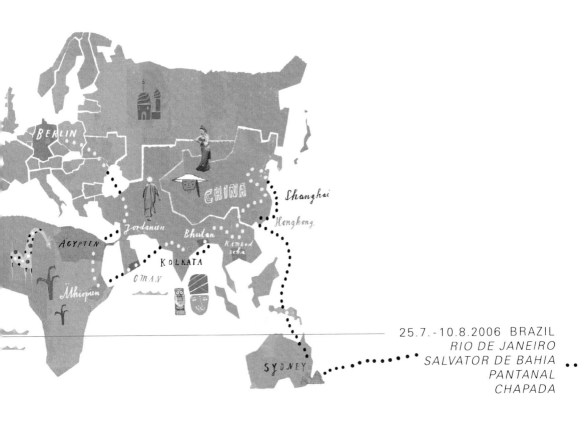

BERLIN

CHINA

Shanghai

Hongkong

Jordanien

ÄGYPTEN

Bhutan

Kambodscha

KOLKATA

OMAN

Äthiopien

SYDNEY

25.7. - 10.8.2006 BRAZIL
RIO DE JANEIRO
SALVATOR DE BAHIA
PANTANAL
CHAPADA

27.7.2006, Rio de Janeiro

Lilian:

In São Paulo trafen wir Nico, Werner, Juli und Flori, die schon eine Woche in Brasilien Urlaub gemacht hatten. Von São Paulo fuhren wir dann mit einem Bus nach Rio, wo wir in einem sehr schönen kleinen Hotel voller brasilianischer Kunst übernachteten.

Am nächsten Tag frühstückten wir in unserem Hotel und liefen hinunter zur Haltestelle der Tram. Auf dem Weg erzählte uns Mama das man sich, wenn man nicht bezahlen wollte, an die Seite der Tram ranhängen durfte und so mit fahren konnte. Das durften wir (Ich, Vico, Juli, Flori) dann auch machen. Am Anfang war es ziemlich leicht (man stand auf einem Holzbrett, das an der Seite der Tram festgenagelt war und hielt sich an Eisenriemen fest) doch nach einiger Zeit wurde es ziemlich anstrengend.

Nach ein paar Minuten warnte uns ein Mann, dass es gleich gefährlich werden könnte und dass wir uns ganz nah an die Tram pressen sollten. Das stimmte auch, denn wenig später waren zwei Autos so geparkt, dass wir fast den Seitenspiegel streiften. Danach berührten wir fast eine Mauer, ein paar Holzpfähle und stießen mit den Köpfen gegen Straßenschilder.

Kurz vor der Haltestelle bekam Mama einen Herzanfall weil es auf einem Aquadukt 20 meter tief runter ging und das 10 cm neben unseren Füßen. An der Haltestelle nahmen wir die Metro zum Strand. Vico war

in einer Scheißlaune und maulte die ganze Zeit, die Wellen seien viel zu klein. Doch am Ende traute er sich fast nicht ins Wasser, so groß waren die Wellen. Das erste Mal schwamm ich auf eine Welle zu. Das war ein Fehler, denn die Welle krachte genau über mir zusammen. Das einzige was ich noch sehen konnte war, das es Juli auch erwischt hatte. Dann riss mich die Welle hinunter. Ich versuchte hoch zu kommen, das klappte jedoch nicht, denn die Welle drückte mich immer weiter nach unten. Sie wirbelte mich umher und ließ mich ein paar Salti schlagen.

Als ich hoch kam war ich völlig aus der Puste. Ich blickte mich um und sah Juli aus dem Wasser schießen und nach Luft schnappen. Als er mich sah rief er „Ich hab 8 Salti geschlagen" und lief an den Strand, um sich vor der nächsten Welle zu schützen. Nach dem Erlebnis blieben wir näher am Strand. Wenn eine grosse Welle kam schwammen wir ihr entgegen und tauchten hindurch, wenn sie brach. Dann gerieten wir nicht in den Strudel. Als wir keine Kraft mehr hatten fingen wir an ein amateurartiges Volleyball Spiel zu starten. Aber das ging in die Hose. Danach fragte Juli mit seinem klapprigen Mischmasch aus Italienisch und Portugiesisch ein paar Brasilianische Kinder ob wir mit Fußball spielen könnten. Sie willigten ein und teilten sich in Teams auf. Das Spiel endete mit einem nicht besonders lobeswerten 2:5 für die Brasilianer.

28.7.2006, Rio de Janeiro

Hallo hier ist Vico. Heute mussten wir um 7:30 aufstehen und machten eine Favelatour. Wir fuhren in einen kleinen Slum mitten in Rio und liefen dort herum. Die Leute leben in selbstgebauten Ziegelhäusern. Auf den Häusern war eine offene Plattform wo an den Seiten rostige Eisenstäbe emporragten, so das jemand anderes darauf noch ein Haus bauen kann. Viele Leute holen sich ihre Elektrizität kostenlos und legen sich einfach ein Kabel vom Elektropfosten in ihr Haus. So hängen die Kabel überall durch die Gegend. Dort gab es auch eine kleine Kirche die aussah wie ein Badezimmer. Der Boden war gekachelt und an der Wand hing ein

winziges Kreuz und eine Maria.

Danach fuhren wir nach Rocinha, die größte Favela Brasiliens. Früher war es dort sehr gefährlich. Wie gefährlich haben wir gestern abend in dem Film *City of God* gesehen. Dort sah man wie Kinder in diesen Favelas aufwachsen und am Ende in großen Gangs gegeneinander kämpfen und sich sogar umbringen. Ein Gangleader zwang einen kleinen Jungen einen anderen kleinen Jungen einfach so zu erschießen, um seinen Mut unter Beweis zu stellen und er Mitglied in der Gang werden konnte. Jetzt ist es aber in den Slums nicht mehr so gefährlich weil die Drogendealer, die die Favela beherrschen, für Ruhe sorgen, damit die Polizei nicht auf das Viertel aufmerksam wird. Unser Führer meinte sogar es sei in den Favelas sicherer als in anderen Teilen von Rio und auch die zwei Banken und Schmuckläden, die es in Rocinha gibt, sind noch nie ausgeraubt worden. Früher gab es immer ein paar Auskucker die Drachen steigen liessen, wenn die Polizei ankam. Heute benutzen sie dafür Handys. Ich habe gar nicht bemerkt, dass wir in einem Slum waren. Die Slums von Lima und viele Teile von Kalkutta oder Addis sehen viel ärmer aus. Die Slums entstehen wenn die Leute vom Land in die Stadt ziehen wollen, weil sie glauben, sie würden dort besser Geld verdienen. Doch in der Stadt finden sie keine Wohnung und oft auch keine Arbeit und siedeln sich zum Schluss in großen Slums an.

Im Jahre 1500, als die Portugiesen Brasilien entdeckten, merkten sie, dass das Land gut geeignet war um Zuckerrohr anzubauen. Sie merkten auch, dass die Indios nicht gut zum arbeiten auf Plantagen geeignet waren, denn viele von ihnen starben gleich an den Krankheiten, die die Europäer mitbrachten, wie Schnupfen oder Masern. Deswegen importierten sie aus Afrika 3,6 Millionen Sklaven. Als dann später die Sklaverei abgeschaffen wurde (in Brasilien 1888 als letztes Land der Welt) lebten diese Leute weiter als schlecht bezahlte Arbeiter auf den Plantagen. Sie hatten keinerlei Besitz und konnten nicht lesen und schreiben und so hatten sie fast keine Chance aus ihrer Armut herauszukommen.

31.7.2006, Salvador de Bahia
Am morgen liefen wir in der Altstadt von Salvador herum, und schauten uns den alten Platz an, auf dem früher Sklaven versteigert und öffentlich gefoltert wurden. Man sah jedoch keine Blutspuren, nur viele Touristen und Verkaufsstände.

Als wir an den Strand gehen wollten sahen wir eine Gruppe von 12 Kindern und Jugendlichen die Capoeira, eine brasilianische Kampfsportart, vorführten. Sie taten so, als würden sie sich in fließenden

Bewegungen treten und es sah aus wie ein Tanz. Danach drehten sie ein
paar Saltos in der Luft, machten Flickflacks und Handstände. Der Kampfsport wurde von den afrikanischen Sklaven auf den Plantagen entwickelt,
als Selbstverteidigung untereinander und gegen die Plantagenbesitzer.
Die Planatagenbesitzer verboten Kampfsport und deshalb tarnten die
Sklaven die Kampfbewegungen, indem sie sie wie einen Tanz vorführten.
Wir fanden es sehr gut und werden versuchen noch mal in eine Capoeira-
schule zu gehen.

Am Abend fuhren wir zu einer Zeremonie der wichtigsten Religion
in Bahia, Candomble. Bei der Zeremonie wurde eine bestimmte Gottheit
verehrt. Die Gottheiten heißen Orixas und stammen aus Afrika. Die
Sklaven brachten ihre Religion mit und bis heute sprechen die Anhänger
dieser Religion Yoruba (aus Westafrika). Die Plantagenbesitzer wollten
nicht, dass die Sklaven ihre Religion weiterführen und deshalb taten die
Afrikaner so, als wenn sie katholische Heilige verehrten. Daraus entstand
in Brasilien eine neue Religion.

Im Raum saßen Männer und Frauen getrennt. Hinter dem Thron
der Priesterin war ein Bild mit einer weißen Meerjungfrau, ein goldener
Krieger und ein Holzpferd mit einem Reiter. Die ersten 2 Stunden tanzten
Frauen um einen Tisch mit Muscheln und Trauben. Sie trugen extrem
breite Röcke, Spitzenblusen und Kopftücher. Die ganze Zeit trommelten
3 Männer und die Frauen und die Gläubigen sangen dazu. Später trugen
sie auf ihren Köpfen ganz viele Opferspeisen herein. Sie knieten vor der

Priesterin nieder, einer alten Frau, die auf einem Thron saß und nach
einiger Zeit fielen ein paar Frauen und Männer in Trance. Ein Mann der in
Trance gefallen war stürmte in meine Richtung und warf 2 Jugendliche
um, die gegen mich (Vico) fielen. Der Mann schubste auch andere herum
und zitterte die ganze Zeit. Am Ende haben es 10 Leute geschafft ihn
zurück durch die Tür zu kriegen. Das Fest war sehr laut und ich saß die
ganze Zeit, über 3 Stunden, zwischen anderen Männern auf dem harten
Boden, aber es war trotzdem ganz gut.

1.8.2006, Salvador de Bahia

Am letzten Tag in Salvador wollten wir alle unbedingt trommeln lernen. Im *Lonely Planet* gab es eine Adresse zu der wir gingen und eine Trommelstunde vereinbarten. Unser Lehrer war ein etwas älterer Mann mit Rastalocken. Am Anfang trommelte er uns immer etwas vor und wir mussten es nachtrommeln. Es wurde immer schwieriger und am Ende mussten wir mit beiden Händen unabhängig von einander Trommeln. Dann kamen die Stäbe dran (geschnitzte Holzstäbe die man in Brasilien auch beim Condombole zum Trommeln verwendet). Ganz am Ende kamen auch noch andere, mir unbekannte Instrumente dran. Eines war aus Nussschalen gebaut.

Danach gingen wir in eine Capoeira Kampfschule um uns eine Vorstellung an zu schauen. Als erstes zeigten sie ein paar Übungsfolgen, wobei immer zwei Schüler gegeneinander kämpften. Dabei wirbelten sie die Beine übereinander, drehten sich auf dem Boden und in der Luft und duckten sich. Das beste war, als ein ungefähr neunjähriges Mädchen (ungefähr 1,50 groß, wie Vico) gegen einen riesigen, muskulösen Typen kämpfte. Am Ende zeigten sie uns eine Reihe von Saltos, Luftpiruetten und Schrauben. Das ganze war irre cool und Vico will jetzt eine Capoeira-Schule in Berlin ausfindig machen (Papi: Du kannst ja schon mal suchen!). Die Trainingshosen dazu (und Juli und Flori die T-Shirts) haben wir schon. Bevor wir nach Hause fuhren gingen wir noch in der Altstadt herum wo überall Musikgruppen spielten. Einmal in der Woche ist in Salvador

Musiknacht und viele Bands spielen auf dem großen Platz und in den Strassen. Morgen früh fliegen wir nach Pantanal.

3.8.2006, Pantanal, Mato Grosso,

Am nächsten Morgen standen wir um halb sechs auf und fuhren zum Flughafen. Von dort flugen wir nach Cuiaba im Pantanal. Das Pantanal ist eine Gegend im Süden des Amazonas, die das halbe Jahr über völlig überflutet ist. Jetzt im Winter ist das Wasser aber weg und man kann

ganz viele Tiere sehen. Nach dem wir ewig auf das Gepäck gewartet
hatten und Juli mit dem Gepäckwagen fast ein paar Leute umgefahren
hatte, trafen wir unseren Führer (den hatte Nico schon vorher organisiert)
und stiegen in einen kleinen VW Bus. 40 Minuten fuhren wir über eine
unasphaltierte Straße bis wir an ein Restaurant mit einem grässlichen
Touristen-Büfett kamen und ich wieder meine Sojasoße gut gebrauchen
konnte. Unser Hotel war eine riesige Farm mit 3000 Hektar und total irre.
Überall liefen große und kleine Emus herum (ähnlich wie ein Strauß)
und über 2000 Kühe. Als wir vor dem Haus ausstiegen, bekamen wir
erstmal einen Schreck, denn neben einem Teich lag ein 3 m langer
Kaiman (eine Art von Krokodil) und wir beruhigten uns erst als der
Führer sagte, dass er ganz friedlich wäre und Zico heiße (In der Nacht
schlossen wir trotzdem die Türen ab). Ständig flogen riesige Vögel an uns
vorbei, darunter pinke Kolibri, Papageien, die lebend 20.000 US Dollar
wert sind, stolze Bussarde und auch Hunderte von winzigen, bunt
schillernden mini Vögeln. Nachdem wir vergeblich versucht hatten Zico
zum Fangen spielen zu überreden (Für Schach reichte sein Verstand
nicht aus) machten wir eine Tour in den Regenwald. Wir sahen viele
Kapuzineräffchen, riesige Ameisenstrassen, Papageien (ich - Vico - fand
eine schwarzblau schimmernde Feder von dem größten Papageien
der Welt) und Aras.

    Abends gab es wieder ein schreckliches Buffet und ich fing an
mich zu fragen, ob meine Sojasauce ausreichen würde. Am nächsten

*Ich denke auch Krokodile lieben
Abwechslung auf ihrem Speise-
plan und Anacondas legen sich
gern mal um einen kleinen zarten
Hals – oder liegen die Viecher
wie im Berliner Aquarium faul
und dösig in der Landschaft?
Würde es nicht prüfen wollen.
Freue mich über jeden neuen
aufregenden Bericht.
Grüße an alle, Nonna
(Gabriele Bramigk)*

morgen (heute) standen Nico und Werner und Juli und Flori schon
wieder um 5:30 auf, wir schliefen in unserem Zimmer aber bis 7 Uhr
(das haben wir nur meiner Mutter zu verdanken, die starken Schnupfen
hatte). Nach dem Frühstück (zum Glück hatten wir in Salvador genug
Muesli eingekauft, so dass wir ein gutes Frühstück hatten) gingen wir
Reiten. Zuerst war mein Pferd (Vico) sehr stur und wollte weder traben
oder galoppieren, am Ende aber konnte ich es frei lenken und bin viel
galoppiert was sehr viel Spaß gemacht hat. Während des Ausritts sahen

wir auf einem Baum einen Armeisenbär und auf dem Weg lag eine tote Kuh. Wahrscheinlich war sie von einer Schlange gebissen worden.

Danach fuhren wir eine Stunde zur nächsten Posada (Farmhotel) und aßen grässliches Buffetessen (Soyasauce!). Den Nachmittag hingen wir in den Hängematten und diskutierten über Bücher (wir versuchen gerade Flori zu überreden auch *Eragon* zu lesen) und lasen selbst (ich lese gerade *The Supernaturalist* von Eoin Colfer und Lilian liest zum 5 mal *Eragon*). Später fuhren wir mit dem Boot auf dem nahen Fluß. Auf dem Weg sahen wir am Ufer eine Baby-Anaconda (3,5 meter lang!), die gerade dabei war in das kleine Erdloch eines Eisvogels zu kriechen. Sie war mit schönen Mustern verziert und ich und Lille berührten sie am Schwanz (der Kopf war aber da schon halb im Erdloch verschwunden). Sie fühlte sich glibschig wie ein Fisch an. Am Ufer sahen wir viele Bussarde und Herons, Brüllaffen und wieder sehr viele Kaimane. Wir hielten an und fischten nach Piranjas. Die Angeln waren aus Bambus und wir steckten kleine Fleischstückchen an die Angelhaken. Ich fing insgesamt 4 Piranjas und einen anderen Fisch, Mami fing 3 und Lilian 2 und Werner 1. Als wir in den Mund des Piranjas schauten, sahen wir dass er sehr schön scharfe Zähne hat.

Abends gab es wieder Buffet und ich machte mir aus Judiths Vorräten eine köstliche Misosuppe.

6.8.2006

Hi Lenny, ich find's toll, dass Du immer wieder in den blog reinschaust. Heute war mal wieder ein toller Tag. Wir haben 2 Bootstouren gemacht und sahen die groesste Gruppe der Welt von verspielten Riesenottern. Riesenottern sind gefaehrdet und es gibt nur noch ganz wenige. Auf dem Rueckweg habe ich eine phaenomenale gelb-schwarze Anaconda am Ufer entdeckt (4-5 meter lang). Es geht uns super. Krokodile langweilen uns schon, denn es gibt hier zwischen 10-35 Millionen. Wir laufen an denen ganz nah vorbei und haben gar keine Angst mehr (sie moegen Fische lieber als Berliner). Viele Gruesse Deine Juli und Flori (Lilian und Vico)

8.8.06, Pantanal

Gestern war unser letzter Tag im Pantanal. Am Morgen nach dem Frühstück fuhren wir zu unseren letzten Pousada, die leider nicht besonders schön war, denn wir hatten kein Pool und es war um die 40 Grad heiß. Wir vertrieben uns die Zeit mit Lesen und Karten spielen. Am frühen Abend gingen wir Reiten. Diesmal ritten wir durch Tümpel und Flüsse. Die Pferde standen manchmal bis zum Bauch im Wasser. Man konnte zwar nicht so tolle Tiere sehen, aber ansonsten hat es richtig Spaß gemacht und wir konnten viel galoppieren. Nur Juli hatte es nicht so gut, denn er hatte ein ziemlich kleines Pferd und seine Füße wurden pitschnass. Danach fuhren wir zu einem 20 m hohem Wasserfall wo

Eure Berichte finde ich sehr interessant. Das Wandbild mit den Fußballern hinter euch fand ich besonders toll. Bei der großen Welle wäre ich gerne dabei gewesen.
Lenni

wir uns runter stellten und drunter durch tauchten. Bei einem anderen Wasserfall sprangen Vico und ich von ca. 5-6 Metern Höhe in das Wasserbecken.

10.8.2006, Chapada

Am nächsten Tag fuhren wir aus dem Pantanal raus nach Chapada, einem Ort in den Bergen bei Cuiaba.

In the morning we went to the geographical center of South America. It was just a small stone on a mountain from which you had a beautiful view. Afterwards we went to a private school called Tales de Mileto. It was a pretty small school with about 230 children. In Brazil state schools are really bad and many children don't go to school at all because the parents need their help at home or at work. The government now pays the parents of poor children 30 Reais per month (about 12 Euro) when they sent them to school. In the school all of us went to the 3rd grade to attend an English lesson. The period was nearly over so we just stood at the blackboard and presented ourselves to the class. Flori was really excited about it (she hated it). Every student had his own table and they sat in rows. There were about 18 children in the class. In the break Vico and Juli played football with the boys from 5th grade and Flori and I were watching. I also wanted to play, but as Flori didn't want to play (she wore Flip-flops and she doesn't like people to see how good she plays football). I wasn't allowed to join because the teams would have been uneven. Now (after school) Vico and Juli have met some boys from the school to play football on a field.

The next class was biology. Every one of us sat next to a different student
so we could follow the lesson. They learned about different stones but
it wasn't really a biology class because the English teacher was still here
and she asked us to teach the class how to count in German and in return
they taught us how to count in Portuguese (which we knew already a bit).
Then the biology teacher handed out some different coloured stones
and we taught them the colours in German and they taught us the colours
in Portuguese. They had a big problem pronouncing the German words,
especially "fünf".

Tomorrow we will fly first to São Paulo and then to New York.
We will stay there for 4 days and we are really looking forward to it.

*Hi ich bin es Jan ich wollte dir nur
sagen das ich dich sehr vermisse,
weil du nicht mehr fußball mit mir
spielen kannst !!
deswegen fuck weltreise*

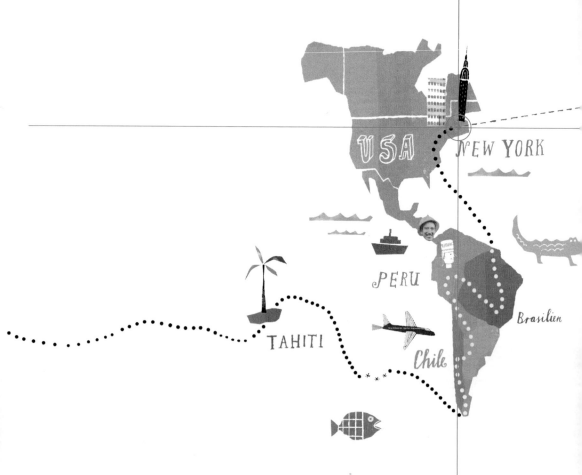

USA

NEW YORK

PERU

TAHITI

Chile

Brasilien

You are here!

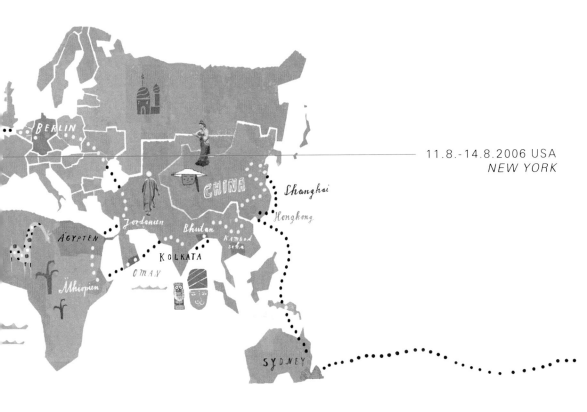

BERLIN

ÄGYPTEN

Äthiopien

Jordanien

OMAN

Bhutan

KOLKATA

CHINA

Shanghai

Hongkong

Kambodscha

SYDNEY

11.8.-14.8.2006 USA
NEW YORK

11.8.-14.8.2006, New York

In NY we bought many new clothes because it isn't really funny to wear exactly the same pair of trousers and three different t-shirts for five months. And we had lost half of our luaggage anyway.
Here is our lost-list:

- 10 pairs of socks (in each country one)
- 2 sunhats (Mami) in San Pedro and in Cusco
- 1 pair of sandals (Mami) in Assuan
- 1 pillow (Lilian) in Assuan
- 1 torch (Lilian) on the Nile
- 1 headband (Vico) in Cusco
- 1 pair of sunglasses (Mami) on Huahine
- 1 nightdress (Mami) in Hongkong
- 1 T-Shirt (Lilian)
- 1 raincoat in Salvador de Bahia (Mami)
- 1 woolen sweater (Vico) in Rio
- 1 pair of trousers (Lilian), half burned in Bhutan
- 1 tea cup in San Pedro
- 1 rucksack, 1 book, 1 roasted cooking banana, one scarf, all robbed in Lima
- 1 electric Mosquito repellent (Pantanal)
- 3 pendrives (all got ruined in different computers)

Wir freuen uns auf euch.
Ihr habt uns durch Eure Berichte
viel Freude bereitet
Eure Taki-Omi und Hartmut-Opi

Apart from shopping we didn't do much. We walked around the Central Park, visited Ground Zero (where the World Trade Centre was), made a boat tour to the Statue of Liberty, went to one of the thousands of Starbucks, sat on a restaurant chair where George Clooney once sat (or was it Jennifer Lopez?), ate a lot of great food, bought many new books and missed all the museums (one was closed, in the other we were too late). We listened to a *Strombreaker* tape (Alex Rider) in our hotel room and read some new *Captain Underpants* books) (Vico)

and *The Wave* (Lilian). Tomorrow morning we will go to a church in Harlem and then fly back home.

After all, the whole trip was very, very, very, very, very, very, very, very, very, very good!!! But now we are looking forward to Papi, Mini-Pizza, Manzini club sandwich, watching *Lord of the Rings 2*, playing computer games and lying in bed all day. For 3 days because then we are flying to our house in France for the last week of the school holidays.

Was für eine Reise! –
Wollte gerade auch mal los, –
kann ich mir aber jetzt sparen
nach diesen aufregenden
Erzählungen von der großen
weiten Welt - es gibt ja kaum
noch ein Land dass Ihr nicht
bereist und kommentiert habt –
bleibe deshalb auf dem Sofa –
man verliert dabei auch nicht so
viele Socken!
Obrigado für Eure tolle
Berichterstattung es hat
mir viel Freude gemacht!
Nonna

Strangest country: Bhutan
Best local food: 1. Cambodia, 2. Australia, 3. Calcutta
Best food discoveries: Vico: Granitas in Bali, Joana: Pisco Sour in Chile and Peru, Lilian: Curries in Cambodia
Worst local food: Ethiopia, China (Anhui), Inca Cola (Peru)
Worst possible meal: Ethiopian Injera, Inca Cola from Peru, Chinese Schmatz- und Schlürfgeräusche and the bill from Tahiti
Best landscape: Torres del Paine (Patagonia)
Best sight-seeing: 1. Egypt (Gizeh, Karnak, Philea), 2. Cambodia (Angkor Wat), 3. Peru (Machu Picchu)
Best sports activities: 1. Sandboarding in Chile, 2. Horse riding in Patagonia and Brazil, 3. Archery in Bhutan
Best wildlife: 1. Pantanal (Anaconda, birds, giant otters, water pigs), 2. Peru (Condors)
Places where we would like to live: 1. Patagonia (but only in the Explora Hotel, says Vico), 2. Sydney, 3. Rio de Janeiro (Santa Theresa), 4. New York
Places we want to visit again: all except French Polynesia
Friendliest people: 1. Chile, Peru, Brazil, 2. Australia, 3. Bhutan
Unfriendliest people: 1. Tahiti
Coolest local sports: 1. Archery (Bhutan), 2. Capoeira (Brazil)
Most religious people: 1. Ethiopia (people living in little holes in the rock), 2. Bhutan

Best hotel: 1. Explora (Patagonia), 2. Nour e Nil boat (Nile), Relais Solaire (Rio)
Funniest place to stay: Oma Wangs House in Hongcun (China)
Best hotel lobby: 1. Intercontinental Hongkong, 2. Al Bhustan, Muscat
Best pool: Residence d'Ankgor (Siem Reap)
Best Birchermuesli: Al Bhustan, Muscat (we have the recipe)

Best day: can't say, there were too many
Worst day: in the German Club in Santiago de Chile, when Germany lost in the world cup against Italy
Feeling homesick: Lilian: in Calcutta (too many people, too poor), Vico: Hongcun (China) (I hated the food)
Worst toilet: Ethiopia (in a café on the way from Lalibela to Gonder)
Most dangerous moment: getting robbed in Villa el Salvador, Lima
Best school: Oman
Wildest school: Chile
Most frightening school: China
Schools most similar to BIS: International School in Bali and International School in Shanghai
Worst school visit: Ethiopia (when 1000 students came to watch us)

And now we want to say *Thank You* for reading this book in all the languages we learned:

Schukran (Arabic in Jordan, Egypt and Oman)
Amasegenallo (Amharic in Ethiopia)
Kadrinche-la (Dzonka in Bhutan)
Okon (Khmer in Cambodia)
Sé sé (Mandarin in China)

Terimakasi (Bahasa Indonesia in Bali)
No worries (Australian in Australia)
Merci (French in French Polynesia. We forgot the Polynesian word)
Gracias (Spanish in Chile and Peru)
Obrigado/a (Portuguese in Brazil)

IMPRESSUM

Lilian & Vico Breidenbach: „In 136 Tagen um die Welt"
© 2006 Joana Breidenbach
Alle Rechte vorbehalten

Texte © Lilian & Vico Breidenbach
Fotos © Joana & Stephan Breidenbach
Kontakt livibreidenbach@hotmail.de
www.weltreise-weltreise.blogspot.com
Illustrationen © Martin Haake, Berlin
Grafik © boomerang, Claudia Winckler, Berlin
Herstellung und Verlag Books on Demand GmbH, Norderstedt

ISBN 10: 3-8334-6989-7
ISBN 13: 978-3-8334-6989-3

Bibliografische Information der Deutschen Bibliothek:
Die Deutsche Bibliothek verzeichnet diese Publikation in der
Deutschen Nationalbibliografie; detaillierte bibliografische Daten
sind im Internet über http://dnb.ddb.de abrufbar.